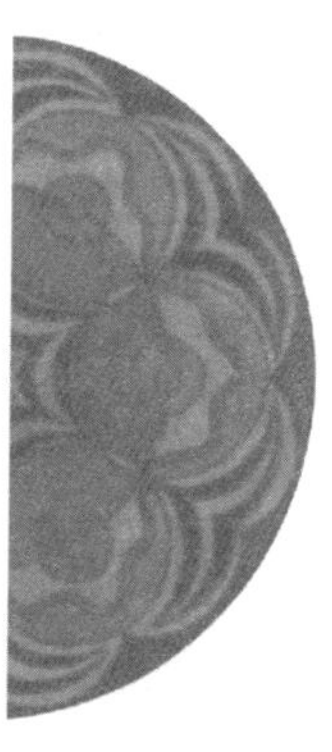

A BÍBLIA E A PSIQUE

Dados Internacionais de Catalogação na Publicação (CIP)
(Câmara Brasileira do Livro, SP, Brasil)

Edinger, Edward F.
A Bíblia e a psique : simbolismo da individuação no Antigo Testamento / Edward F. Edinger ; tradução de Paulo Ferreira Valério. – Petrópolis : Vozes, 2024. – (Coleção Reflexões Junguianas)

Título original: The Bible and the psyche : individuation symbolism in the Old Testament.
ISBN 978-85-326-6964-3

1. Bíblia – A.T. Crítica e interpretação 2. Bíblia – Psicologia 3. Simbolismo 4. Individuação (Psicologia) 5. Psicologia junguiana I. Título. II. Série.

24-218665 CDD-200.19

Índices para catálogo sistemático:

1. Psicologia e religião 200.19
2. Religião e psicologia 200.19

Tábata Alves da Silva – Bibliotecária – CRB-8/9253

Edward F. Edinger

A BÍBLIA E A PSIQUE

Simbolismo da individuação no Antigo Testamento

TRADUÇÃO DE
Paulo Ferreira Valério

Petrópolis

Tradução do original em inglês intitulado *The bible and the psyche. Individuation symbolism in the Old Testament.*
Studies in Jungian Psychology by Jungian Analysts, n. 24.

Direitos de publicação em língua portuguesa:
2024, Editora Vozes Ltda.
Rua Frei Luís, 100
25689-900 Petrópolis, RJ
www.vozes.com.br
Brasil

Editoração: Franklim Drumond
Diagramação: Victor Mauricio Bello
Revisão gráfica: Fernando Sergio Olivetti da Rocha
Capa: Editora Vozes
Ilustração de capa: Mandala produzida por uma paciente de Jung e reproduzida por ele em *Os arquétipos e o inconsciente*, vol. 9/1 da Obra Completa. 5. ed. Petrópolis: Vozes, 2007, p. 341, nota 182.

ISBN 978-85-326-6964-3 (Brasil)
ISBN 978-091-912323-6 (Reino Unido)

Este livro foi composto e impresso pela Editora Vozes Ltda.

Sumário

Nota: salvo indicação em contrário, todas as citações bíblicas são da Bíblia Vozes. Citações de outras versões da Bíblia aparecem com indicação abreviada: BJ – Bíblia de Jerusalém; AV – Authorized (King James) Version; DV – Douay Version; NEB – New English Bible; NAB – New American Bible: RSV – Revised Standard Version; NKJV – New King James.

Todas estas coisas lhes aconteceram para servir de exemplo, e foram escritas para advertir a nossa instrução, nós que fomos atingidos pelo fim dos tempos (1Cor 10,11).

Prefácio

O título deste livro une dois termos de familiaridade desigual, a saber, o Antigo Testamento e a individuação. As ideias do Antigo Testamento têm sido reconhecidas e reverenciadas por mais de dois mil anos, ao passo que a individuação, como processo psicológico, foi descoberta apenas no século XX por C. G. Jung.

A individuação é a um tempo simples e impossível de definir. Em sua definição simples,

> individuação significa tornar-se um ser único, na medida em que por "individualidade" entendermos nossa singularidade mais íntima, última e incomparável, significando também que *nos tornamos o nosso próprio si-mesmo*. Podemos pois traduzir "individuação" como "tornar-se si-mesmo" (*Verselbstung*) ou "o realizar-se do si-mesmo" (*Selbstverwirklichung*) (OC 7/2, § 266).

Pode-se abordar esta definição impossível mediante a leitura completa da obra de Jung *Mysterium Coniunctionis*. Acerca deste livro, diz ele: "Podemos ver hoje como a totalidade do processo alquímico dos opostos, que expus na parte precedente, pode da mesma forma representar o caminho da individuação de cada pessoa" (OC 14/2, § 447).

Ainda de acordo com outra definição, individuação é o processo do encontro do eu com o si-mesmo e sua relação progressiva com ele. Desafortunadamente, isso apenas substitui um termo desconhecido por outro. Tais definições só se tornam compreensíveis quando alguém experimentou as realidades a que se referem.

Texto do Cântico dos Cânticos disposto em forma de mandala
(Biblioteca Beinecke de Livros e Manuscritos Raros, Universidade de Yale)

1  A Bíblia e a psique

Devemos ler a Bíblia, caso contrário, não compreenderemos a psicologia. Nossa psicologia, toda a nossa vida, nossa linguagem e nosso imaginário têm seu fundamento na Bíblia.
C. G. Jung (1976, vol. 1).

Ao passo que o século XXI se aproxima, testemunhamos a emergência de uma mundivisão completamente nova, resultante da psicologia do profundo. Esta nova ciência estuda a psique como um fenômeno tangível e objetivo. Ela retoma antigos elementos e lida com eles de maneira nova. Por exemplo, mitologia, religião e textos sagrados de todos os tipos são tirados de seus contextos tradicionais e compreendidos psicologicamente, ou seja, são vistos como a fenomenologia da psique objetiva.

Sob este aspecto, a Bíblia é considerada como uma autorrevelação da psique objetiva. Conforme diz Jung: "considero as afirmações da Sagrada Escritura como manifestações da alma [...] pois se referem a realidades que transcendem a consciência. Estes *entia* (entes) são os arquétipos do inconsciente coletivo" (OC 11, § 557). Até o presente, estas entidades psíquicas transcendentes têm aparecido como conteúdos metafísicos do dogma religioso, mas agora, escreve Jung, "uma psicologia científica, independentemente dos prós e contras da filosofia da época, deve considerar as intuições transcendentais que emanaram do espírito humano em todos os tempos, como projeções, isto é, como conteúdos psíquicos extrapolados num espaço metafísico e hipostasiado" (OC 9/1, § 120).

Não é fácil a passagem do ponto de vista metafísico da fé religiosa para o ponto de vista empírico da psique. Entre estas duas cadeias de montanhas estende-se um vale escuro, o vale da fé perdida, da alienação, da falta de sentido e do desespero. Para os que estão situados de maneira segura no topo da montanha da fé religiosa, a abordagem psicológica pode ser vista como um complemento interessante ao ponto de vista mais seguro que já possuem. No entanto, para os que, consciente ou inconscientemente, já escorregaram do cume da fé e encontram-se no vale escuro, a descoberta da abordagem psicológica mui provavelmente pode ser-lhes um salva-vidas. Este enfoque é uma admissão de uma ruína espiritual; está disponível somente para os "pobres em espírito", pois como diz Jung:

> Não me dirijo [...] aos *beati possidentes* (felizes donos) da fé, mas às numerosas pessoas para as quais a luz se apagou, o mistério submergiu e Deus morreu. Para a maioria não há retorno possível e nem se sabe se o retorno seria o melhor. Para compreender as coisas religiosas acho que não há, no presente, outro caminho a não ser o da psicologia; daí meu empenho de dissolver as formas de pensar historicamente petrificadas e transformá-las em concepções da experiência imediata (OC 11, § 148).

O Antigo Testamento atesta um constante diálogo entre Deus e o ser humano como está expresso na história sagrada de Israel. Presenteia-nos com um extraordinariamente rico compêndio de imagens representando encontros com o *numinosum*[1]. Eles são mais bem compreendidos psicologicamente com imagens do encontro entre o eu e o si-mesmo, que é a característica principal da individuação. O Antigo Testamento é, assim, um magnífico tesouro do simbolismo da individuação. Estas veneráveis histórias têm origem em incontáveis experiências pessoais do *numinosum*, e o material psíquico delas tem-se incrementado ao longo dos tempos pelo culto piedoso e pela reflexão de milhões de pessoas. Quando tais fatos são compreendidos, descobrimos uma vez mais que o Antigo Testamento é, sem dúvida, um livro santo. É quase literalmente a arca da aliança na qual reside o poder e a glória da psique transpessoal. Devemos aproximar-nos dele com prudência, honrando-lhe o poder numinoso.

O enfoque psicológico toma a Bíblia tal como é, segundo a hipótese de que a psique coletiva selecionou-a e organizou-a (meio propositadamente) ao longo dos séculos. Embora respeite os métodos da crítica bíblica, o ponto de vista psicológico não está preocupado com a questão sobre se determinada passagem do Pentateuco vem da "J" [fonte Javista] ou, antes, de "E" [fonte Eloísta]. A sequência é também considerada importante. A Bíblia Hebraica, baseada no texto massorético (600-900 d.C.), contém 24 livros reunidos em três partes: *A Lei, Os Profetas* e *Os Escritos*. A disposição dos livros do Antigo Testamento na Bíblia cristã deriva da Septuaginta grega, tradução feita de 280-150 a.C. Esta sequência enfatiza um processo de desenvolvimento linear, consistente com a

1. Para uma discussão do conceito de numinoso, cf. Rudolf Otto, *O Sagrado*.

qualidade histórica e temporal da psique ocidental. De acordo com esta versão, o Antigo Testamento é composto por 39 livros[2], dispostos sequencialmente em três categorias: 17 livros históricos, 5 livros sapienciais e poéticos, e 17 livros proféticos (conforme ilustrado abaixo).

Livros do Antigo Testamento

Históricos	*Sapienciais e poéticos*	*Proféticos*
Gênesis	Jó	Isaías
Êxodo	Salmos	Jeremias
Levítico	Provérbios	Lamentações
Números	Eclesiastes	Ezequiel
Deuteronômio	Cântico dos Cânticos	Daniel
Josué		Oseias
Juízes		Joel
Rute		Amós
1 Samuel		Abdias
2 Samuel		Jonas
1 Reis		Miqueias
2 Reis		Naum
1 Crônicas		Habacuc
2 Crônicas		Sofonias
Esdras		Ageu
Neemias		Zacarias
Ester		Malaquias

2. A Bíblia cristã católica consta de 46 livros no Antigo Testamento, incluindo-se Tobias, Judite, Sabedoria, Baruc, Eclesiástico (ou Sirácida), 1 e 2 Macabeus, os chamados livros deuterocanônicos [N.T.].

Considero essa disposição um equilíbrio. De um lado estão os livros históricos nos quais Javé[3] lida com Israel coletivamente, como uma nação. Nesse estágio, o imaginário da individuação é transportado pela nação como um todo, o povo escolhido. Do outro estão os livros proféticos, cada um trazendo o nome de um indivíduo notável que teve um encontro pessoal com Javé e foi destinado a ser um portador *individual* da consciência de Deus. No meio, encontram-se os livros sapienciais e poéticos, encimados por Jó. Jó é o pivô da história do Antigo Testamento. Este é o motivo por que Jung concentrou seu comentário da Bíblia em Jó. Aqui, pela primeira vez, uma pessoa encontra Javé *como indivíduo*, e não como uma função do coletivo. Semelhantemente, Javé não se relacionava com Jó como representante de Israel, mas antes, como um homem individuado. Este livro, portanto, assinala a transição da psicologia coletiva para a psicologia individual, da religião grupal e eclesial para o encontro solitário do indivíduo com o *numinosum*.

Depois de Jó, vem a literatura sapiencial, como se o encontro individual do eu com o si-mesmo tivesse originado sabedoria ou, conforme o expressa Jung em *Resposta a Jó*, como se a demonstração de maior consciência de Jó tivesse obrigado Javé a lembrar-se de sua contraparte feminina, a Divina Sabedoria (Sofia) (OC 11/4, § 617; cf. tb. Edinger, 1986).

Os acontecimentos da Bíblia, embora apresentados como história, compreendidos psicologicamente são imagens arquetípicas, isto é, acontecimentos pleromáticos que irrompem repetidamente em manifestação espaçotemporal e exi-

3. Em vez da palavra Yahweh, normalmente usada nos textos de estudos bíblicos, usamos Javé, por coerência com a tradução de *Resposta a Jó*, por exemplo, da Editora Vozes [N.T.].

gem um eu individual para concretizar-se. À proporção que lemos essas histórias com espírito aberto às suas reverberações inconscientes, reconhecemo-las como relevantes para nossa própria experiência mais particular. Estaremos, então, a ler a Bíblia do modo como Emerson (1950) nos diz para ler a história:

> O fato narrado deve corresponder a algo em mim para ser crível ou inteligível. Nós, à medida que lemos, devemos tornar-nos gregos, romanos, turcos, sacerdote e rei, mártir e verdugo; devemos ligar essas imagens a alguma realidade em nossa experiência secreta, ou nada aprenderemos corretamente. O que sobreveio a Asdrubal ou a César Bórgia é tanto uma ilustração dos poderes e depravações da mente quanto o que nos aconteceu. Toda lei e movimento político novos têm um sentido para você. Coloque-se diante de suas tábuas e diga: "Sob esta máscara minha natureza de Proteus deveras ocultou-se". Isso remedeia o defeito de nossa demasiado grande proximidade de nós mesmos. Isto lança nossas ações em perspectiva, e assim como caranguejos, bodes, escorpiões, a balança e a jarra perdem sua pequenez quando figuram como símbolos do zodíaco, assim eu posso ver meus próprios vícios sem cólera nas longínquas pessoas de Salomão, Alcebíades e Catilina.

Jung diz-nos que "o Livro de Jó serve de paradigma de uma forma de experiência íntima de Deus, experiência que possui um significado particular para a época em que vivemos" (OC 11/4, § 562). Pode-se dizer o mesmo de muitos outros tópicos do Antigo Testamento. As novas intuições da psicologia do profundo permitem-nos identificar os poderosos mitologemas da Bíblia com a experiência profunda dos indivíduos. Cristo reinterpretou o Antigo Testamento como pressagiador de sua vinda.

Por exemplo, dirigindo-se aos peregrinos de Emaús, "e, começando por Moisés e por todos os profetas, foi explicando tudo que a Ele se referia em todas as Escrituras" (Lc 24,27). Agora, portanto, no início de um novo éon, o indivíduo em busca do processo de individuação pode ler novamente estas Escrituras a fim de aprender "tudo o que a Ele se refere".

2 Inícios

Criação

No princípio Deus criou o céu e a terra (Gn 1,1)
Bereshith bara elohim hashshamayim we haarets (hebraico)
En arché epoiesen ho theos ton ouranon kai ton gen (Septuaginta)
In principio creavit Deus caelum et terram (Vulgata)

Dado que há quatro nomes no primeiro versículo do Gênesis, os gnósticos consideraram-nos como uma referência à tétrada divina:

> Moisés, dizem, começando a descrever a obra da criação, indica logo desde o início [*arché*] a Mãe de todas as coisas quando diz: No princípio Deus fez o céu e a terra. Ao nomear estes quatro: Deus, o princípio, o céu e a terra, descreveu, a seu ver, a Tétrada (Irineu de Lião, *Contra as Heresias*, I, 18,1 in Daniélou, 1978).

O desdobramento dos primeiros quatro elementos pode ser diagramado assim:

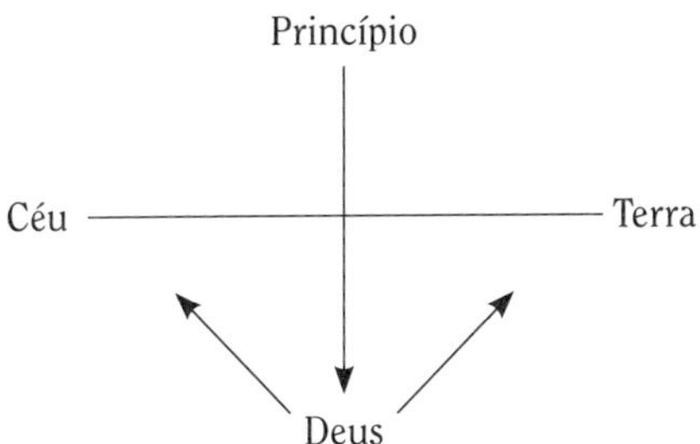

Isto corresponde à noção dos filósofos pré-socráticos de que o primeiro passo na criação do universo foi a diferenciação da *prima materia* em quatro elementos: terra, ar, fogo e água. O termo grego para *prima materia* é *arché*, a mesma palavra usada na Septuaginta para traduzir *reshit*, princípio.

O processo de divisão em quatro é uma imagem cosmogônica primordial. Jung ressalta seu importante papel na alquimia,

> Como um quatérnio (grupo de quatro), isto é, como dois opostos que se opõem em linhas cruzadas; tais são, por exemplo, os quatro elementos (terra, água, ar, fogo) ou as quatro propriedades (seco, molhado, quente, frio) ou os quatro pontos cardeais ou as estações do ano; daí provém que a cruz é o símbolo dos quatro elementos, e deste modo também o símbolo da criação que existe sob a lua (OC 14/1, § 1).

Aparece também na psicoterapia em momentos decisivos do encontro criativo com o inconsciente[4].

4. Por exemplo, uma mulher, em imaginação ativa, desceu por um longo túnel, escuro "como a noite sem estrelas [...] a noite antes da criação". Ao emergir em uma abertura semelhante a uma caverna, encontrou um "vulto" sombrio e ameaçador, "semelhante a Cáli", que começou a golpeá-la com um bastão. Após suportar o espancamento tanto quanto pôde, "algo estalou", e, com uma espada que surgiu em sua mão, retalhou o vulto semelhante a Cáli nas linhas de uma cruz (†). Nisso, "abriu-se carne vermelha crua, quase como uma flor que se abre [...]. A força derreteu-se, a criatura desistiu, perdeu o poder". A isso seguiu-se uma reação de alegre alívio.

Os cabalistas consideravam que

> Deus criou o mundo juntando-lhe a Doutrina Secreta [da Cabala]. [...] A palavra BERESHITH com que o Gênesis se abre e que eventualmente tem sido traduzida por "na sabedoria", não "no princípio", é considerada como a significar a Doutrina Secreta e sua parte na obra da criação (Waite, s.d.).

A referência aqui é ao capítulo 8 do Livro dos Provérbios, onde a Sabedoria diz de si mesma:

> O Senhor criou-me como início de sua ação, antes de suas obras mais remotas. Desde tempos imemoriais fui constituída, desde as origens, desde os primórdios da terra (Pr 8,22-23).
>
> Eu estava ao seu lado como mestre de obras; entusiasmando-me, dia após dia, brincando todo o tempo em sua presença (Pr 8,30).

Segundo Pr 9,10, podemos dar mais um passo nas associações. "O temor do Senhor é o começo da sabedoria", e assim, esse temor torna-se também a *prima materia* da criação.

Uma vez que a Sabedoria Divina foi assimilada à figura de Cristo, Ele igualmente tornou-se sinônimo de princípio. Em Ap 3,14, Ele é chamado de "o princípio [*arché*] da criação de Deus". Outros textos equiparam a *arché* à Palavra. O Evangelho de João começa: "No princípio era a Palavra". Teófilo de Antioquia escreve: "Deus [...] gerou (sua Palavra) emitindo-a juntamente com sua própria Sabedoria antes de todas as coisas [...]. Ela é chamada "princípio [*arché*] governante" porque ela governa e é Senhor de todas as coisas criadas por Ele" (como citado em Daniélou, 1978). De acordo com Hilário, "*Bereshit* é uma palavra hebraica que tem três significados.

São eles: no princípio, na cabeça e no filho" (como citado em Daniélou, 1978). Daniélou cogita que este texto possa provir de Col 1,15-18, e que ambos refletem a mesma tradição rabínica. Certamente, os três termos – "princípio", "cabeça" e "filho" – aparecem como sinônimos:

> Ele é a imagem do Deus invisível,
> o [*Filho*] primogênito de toda criatura
> porque nele foram criadas
> todas as coisas nos céus e na terra,
> as visíveis e as invisíveis:
> tronos, domínios, principados, autoridades;
> tudo foi criado por Ele e para Ele.
> Ele é antes de tudo
> e tudo subsiste nele.
> Ele é a *cabeça* do corpo,
> que é a Igreja;
> Ele é o *Princípio*, o primogênito dos mortos,
> para ocupar em tudo o primeiro lugar (Cl 1,15-18, Itálicos acrescentados).

Este hino ao Cristo preexistente refere-se psicologicamente ao papel do si-mesmo inato na criação da consciência. A Igreja como corpo de Cristo pode ser compreendida como a *ecclesia spiritualis* (OC 14, §§ 9, 12).

Gn 1,2 prossegue: "A terra estava deserta e vazia, as trevas cobriam o Oceano e um vento impetuoso soprava sobre as águas". "Deserta e vazia" traduz o hebraico *tohu wa bohu*. A mesma frase é usada por Jeremias para descrever os efeitos de uma invasão do Norte provocada pela vingança de Javé contra Israel.

> Olhei para a terra: era vazia e disforme; olhei para os céus, e não tinham luz. Olhei para as montanhas: elas tremiam e

> todas as colinas se abalavam [...]. O país inteiro será devastado, mas não o aniquilarei completamente (Jr 4,23-24.27).

É como se Javé, tal qual um alquimista, estivesse reduzindo a terra à *prima materia*, a seu estado anterior à criação.

O termo "oceano" traduz o hebraico *tehom*. Tem-se alegado que *tehom* é derivado do *Tiamat* babilônico, mas na opinião de Heidel (1951), de preferência "ambos os termos remontam a uma forma semítica comum". Seja como for, *tehom* está ligado simbolicamente a Tiamat, o monstro primordial vencido pelo deus-herói Marduc. Ele dividiu o corpo colossal em duas partes, uma o céu, a outra a terra (Heidel, 1951). Tiamat simboliza o caos maternal que sofre diferenciação quando encontra o espírito. Dessa forma, o Espírito de Deus que paira chocando o *tehom* é seguido pela divisão entre luz e trevas[5].

A Septuaginta traduz tehom por *abyssos*, abismo, significando profundidade sem fundo (*a*, sem; *byssos*, profundidade). "No gnosticismo o 'pai do universo' não é designado apenas como masculino-feminino (respectivamente, nenhum dos dois), mas também como Βυθός (a profundeza do mar)" (OC 14/1, § 98). O simbolismo do mar e do abismo se sobrepõe no uso patrístico. Jung resume-o:

> "O mar é o mundo." É um termo que "resume o mundo como o elemento... que está entregue ao diabo". Diz Santo Hilário: "*Profundum maris sedem intelligimus inferni*" (Por profundeza do mar entendemos a sede do inferno). O mar é o *tristis abyssus*, um resto do abismo primordial, isto é, do caos que cobria a Terra. Este abismo representa para Santo Agostinho "o domínio deixado para o diabo e os demônios após a queda". O abismo é de uma parte a

5. Para mais informações sobre este simbolismo, cf. Edinger, 1985, cap. 7, *Separatio*.

> "*profunditas aquarum impenetrabilis*" (a profundeza impenetrável das águas), e de outra parte a "*profunditas peccatorum*" (profundeza dos pecados). Em Gregório Magno o mar é "*aeternae mortis profunda*" (as profundezas da morte eterna). Desde a Antiguidade é a sede dos demônios, os δαίμονες ἐνύδριοι (os demônios aquáticos). Ele abriga o Leviatã (Jó 3,8), que na linguagem dos Santos Padres é sinônimo do diabo. Rahner apresenta documentação para as igualdades patrísticas: *diabolus* = *draco* = leviathan = *cetus magnus* = *aspis* = *draco* (diabo = dragão = leviatã = grande cetáceo = serpente). São Jerônimo diz: "*Diabolus maria undique circumdat et undique pontum*" (O diabo rodeia os mares por todos os lados e por todos os lados o Ponto) (OC 14/1, § 249).

Tanto o *tohu wa bohu* quanto o *tehom* podem ser considerados sinônimos de *prima materia*, a matéria original ainda não criada a que os alquimistas se referiam como o "*increatum*" (OC 13, § 283; OC 12, § 430ss.) Paracelso descreve-o eloquentemente:

> O Grande Mistério é incriado, e foi preparado pelo próprio Grande Artífice (Waite, 1967).
>
> Não há dúvida de que todas as coisas perecíveis surgiram do Mistério Incriado e foram produzidas por ele (Waite, 1967).
>
> Todas as coisas criadas procederam de uma só matéria, e não cada uma separadamente de sua própria matéria peculiar. Esta matéria comum de todas as coisas é o Grande Mistério [...] onde quer que o éter se difunda, ali também o orbe do Grande Mistério se estende. Este Grande Mistério é a mãe de todos os elementos, e, ao mesmo tempo, o baço [ova do macho] de todas as estrelas, árvores e criaturas carnais. Assim como os filhos nascem da mãe, do mesmo modo todas as coisas criadas provêm do Grande Mistério (Waite, 1967).

Estas passagens podem ser lidas como uma descrição do inconsciente em seu aspecto de potencialidade.

Por sobre a escuridão primordial da *prima materia*, o Espírito de Deus pairava como um pássaro a chocar e, por esse ato, luz e trevas, águas superiores e inferiores, mar, continente e terra seca são separados uns dos outros, e o mundo, tal como o conhecemos, desenvolve-se. A tradução "um vento impetuoso soprava sobre as águas" (Gn 1,1) indica a equação simbólica vento = espírito. É o encontro criativo entre o espírito e a substância indiferenciada que desencadeia a criação. Em termos aristotélicos, é o encontro entre forma e matéria. Esta imagem representa o fundamento elementar ou *anlage*[6] da psique, que ocorre em uma fase pré-eu de desenvolvimento. Aplica-se não apenas ao desenvolvimento incipiente da psique, mas também a cada novo incremento da consciência emergente.

O tema da luz sendo gerada em meio à escuridão e ao vento é uma imagem familiar na psicoterapia do profundo. Por exemplo, Jung (1987) narra um sonho que teve na juventude:

> De noite, num lugar desconhecido, eu avançava com dificuldade contra uma forte tempestade. Havia uma bruma espessa. Ia segurando e protegendo com as duas mãos uma pequena luz que ameaçava extinguir-se a qualquer momento. Sentia que era preciso mantê-la a qualquer custo, pois tudo dependia disso.

Outro exemplo é um sonho que tive quando jovem:

É uma noite selvagem e ventosa. A eletricidade parece estar desligada e usam-se algumas velas. Em algum momento, vejo o Presidente dos Estados Unidos (Eisenhower) em uma sala con-

---

6. *Anlage* [primórdio, princípio, começo, origem] é um termo usado em embriologia referindo-se à primeira acumulação de células em um embrião reconhecíveis como o começo de um órgão em desenvolvimento.

tígua, trabalhando na mensagem do Estado da União à luz de uma vela intermitente, soprada pelo vento [...]. Fora da casa, mantém-se um fogo aceso em uma fogueira. O vento forte faz o fogo arder em altas e brilhantes chamas. A noite é sinistra. O rádio está aparentemente ligado e, de repente, recebemos a ordem de olhar em direção ao céu para uma mensagem. Então ecoa um grito celestialmente estridente. Olho para o céu e vejo uma brilhante faixa de luz a atravessá-lo. Esta rapidamente se organiza nas palavras de uma mensagem.

Estes sonhos estão associados ao fato psicológico de que todo incremento na consciência (luz) deriva de um encontro criativo com as trevas, o abismo, o caos. Isso provoca um ameaçador escurecimento do eu, mas a lei dos opostos é, então, acionada, e o vento compensatório do espírito irrompe. Este espírito fertiliza as trevas e nasce nova luz. De acordo com um mito da criação órfico,

> a noite de asas negras, uma deusa por quem até mesmo Zeus tem respeito, foi cortejada pelo vento e pôs um ovo argênteo no seio da escuridão; e [...] Eros, a quem alguns chamam Fanes, foi chocado desse ovo e pôs o universo em movimento (Graves, 1955).

Adão e Eva

Há dois relatos da criação do ser humano. De acordo com Gn 2,7, "o Senhor Deus formou o ser humano do pó da terra, soprou-lhe nas narinas o sopro da vida e ele tornou-se um ser vivo". Ser humano (*adam*) é tirado da terra (*adamah*) e a ela retornará (Gn 3,19.23). O ser humano é, portanto, uma união de opostos, matéria e espírito, mas com uma ênfase na matéria, visto que seu próprio nome significa terra. Isto leva-nos ao simbolismo da *coagulatio*, visto que terra é um símbolo para esse processo (Edinger, 1985). A criação do ser humano é, por conseguinte, uma *coniunctio*, uma união de opostos, e satisfaz a fórmula alquímica: espiritualiza o corpo e coagula o espírito. Esta mesma ideia está expressa de maneira diversa no outro relato. "Deus criou o ser humano à sua imagem, à imagem de Deus o criou, macho e fêmea Ele os criou" (Gn 1,27). A imagem de Deus alojada em uma criatura de terra corresponde à união de espírito e matéria.

Jung demonstrou que Adão é uma imagem do *Anthropos* [homem primordial], o ser humano integral original, um símbolo do si-mesmo (OC 14/2, § 209ss.). Um aspecto deste simbolismo é sua androginia, sugerida pelo fato de que Eva foi feita de sua costela (Gn 1,21.22). Isto corresponde ao ser humano redondo original de Platão, conforme descrito no *Banquete* (189e-190a). Adão como *Anthropos* está ilustrado no Adam Kadmon da Cabala (OC 14/2, § 264ss.) e aparece ocasionalmente em sonhos modernos[7]. Como união entre opostos, Adão é figura paradoxal. Não somente simboliza realmente o *Anthropos*, mas inclusive, na teologia de Paulo, como o "velho Adão", representa a natureza corrupta do ser humano substituída pelo "segundo Adão", Cristo (cf. Rm 6,6; Ef 4,22; Cl 3,9).

A tentação de Adão e Eva pela serpente tem importantes implicações psicológicas. Jung diz que

> a lenda do pecado original contém uma profunda doutrina, pois é a expressão de um pressentimento de que a emancipação da consciência do eu representa um ato luciferino. A história universal humana consiste, desde o início, num confronto do sentimento de inferioridade com a arrogância (OC 9/1, § 420).

7. Para exemplificação, cf. Edinger, 2020.

O comer o fruto da árvore do conhecimento do bem e do mal simboliza o nascimento da consciência com o alvorecer da consciência dos opostos. Certas seitas gnósticas invertem o papel de Javé e da serpente, considerando Javé como o demiurgo mau e a serpente como o redentor espiritual do ser humano. Um exemplo deste ponto de vista encontra-se em "Sobre a origem do mundo", um tratado gnóstico encontrado na *Biblioteca de Nag Hammadi*. Neste relato, os sete arcontes fazem o papel do Javé do Antigo Testamento:

> Então os sete deliberaram. Vieram timidamente até Adão e Eva. Disseram a ele: "Toda árvore que está no Paraíso, cujo fruto se pode comer, foi criada para vós. Mas cuidado! Não comais da árvore do conhecimento. Se comerdes, morrereis". Depois de os terem assustado, recolheram-se aos seus domínios.
>
> Então chegou aquele que era o mais sábio de todos eles, o que era chamado "a besta". E quando viu a imagem de Eva, mãe deles, disse-lhe: "O que é que Deus vos disse? 'Não comais da árvore do conhecimento'?" Ela disse: "Ele não só disse 'Não comais dela', mas 'Não a toqueis a fim de que (vós) não morrais'. Ele disse-lhe: "Não temais! Certamente (não morrereis). De fato, (ele sabe) que, quando comerdes dela, vossa mente ficará sóbria, e tornar-vos-eis como deus, conhecendo as distinções que existem entre as pessoas más e as boas. Com efeito, ele disse-vos isso para que não comais dela, porque é invejoso".
>
> Ora, Eva acreditou nas palavras da besta. Ela olhou para a árvore e viu que era bela e magnífica, e desejou-a. Tomou alguns de seus frutos e comeu, e deu a seu esposo também, e ele comeu igualmente. Então suas mentes se abriram. Efetivamente, quando comeram, a luz do conhecimento brilhou para eles. Quando se cobriram de vergonha, perceberam que estavam nus em relação ao conheci-

> mento. Quando ficaram sóbrios, viram que estavam nus e se enamoraram um do outro. Quando viram seus artífices, abominaram-nos, pois tinham formas de animais. Eles alcançaram grande compreensão [...].
>
> Imediatamente depois que os regentes viram que seu Adão adquirira um conhecimento diferente [...] ficaram perturbados porque Adão ficara sóbrio de toda (ignorância). Reuniram-se e deliberaram, e disseram: "Eis que Adão tornou-se como um de nós, de modo que compreende a distinção entre luz e trevas. Agora, a fim de que, talvez, não seja enganado tal como o foi quanto à árvore do conhecimento, e achegue-se também à árvore da vida e coma dela, e torne-se imortal, e governe, e condene-nos, e considere (-nos) a nós e a toda a nossa glória como loucura, condenando (-nos e ao nosso) mundo, vamos expulsá-lo do Paraíso, terra abaixo, para o lugar de onde foi tirado, de sorte que já não será capaz de saber nada a nosso respeito". E assim lançaram Adão e sua mulher para fora do Paraíso. O que eles haviam feito não os satisfez; em vez disso, (ainda) estavam com medo. Foram até à árvore da vida e colocaram grandes terrores ao redor dela, ferozes seres vivos chamados "Querubins", e puseram uma espada flamejante no meio, girando continuamente com grande terror, de modo que ninguém entre os seres humanos terrenos poderia jamais entrar naquele lugar (Nag Hammadi, 1977).

Comer o fruto do Jardim do Éden pertence ao simbolismo da *coagulatio* e representa um processo de "aterramento" que acompanha a realização consciente (Edinger, 1985). Por conseguinte, o texto acima citado afirma que Adão é "expulso do Paraíso, terra abaixo", dando a entender que até então ele não tinha nascido completamente na existência terrena[8].

8. Para ulteriores detalhes sobre a queda, cf. Edinger, 2020.

O dilúvio e a Torre de Babel

Um acontecimento notável precede o dilúvio:

> Quando os seres humanos começaram a multiplicar-se na terra e tiveram filhas, vendo os filhos de Deus que as filhas dos humanos eram bonitas, escolheram para mulher as que entre elas mais lhes agradavam [...]. Havia então gigantes [Nephilim] na terra, mesmo depois que os filhos de Deus se uniram com as filhas dos humanos e lhes geraram filhos. São eles os heróis famosos dos tempos antigos (Gn 6,1-2.4).

Essa passagem é seguida imediatamente pela afirmação: "O Senhor viu o quanto havia crescido a maldade das pessoas na terra e como todos os projetos de seus corações tendiam unicamente para o mal" (Gn 6,5). A implicação é clara: a relação proibida entre os reinos divino e humano é responsável pela maldade. O eu está contaminado pela identificação com conteúdo arquetípico, resulta em inflação (os gigantes). Este estado de coisas provoca o dilúvio. "O Senhor arrependeu-se de ter feito os seres humanos na terra" (Gn 6,6). O eu inflado alienou-se seriamente do si-mesmo e está ameaçado de extinção[9]. Noé, como exceção, significa a integridade residual do eu que retém uma conexão viável com o si-mesmo. Esta conexão torna-se manifesta no tema da "aliança". Deus (Elohim) diz a Noé:

> Quanto a mim, vou mandar um dilúvio sobre a terra a fim de exterminar todos os mortais que respiram debaixo do céu. Tudo que existe na terra perecerá. Contigo, porém, estabelecerei minha aliança: entrarás na arca com teus filhos, tua mulher e as mulheres de teus filhos (Gn 6,17-18).

9. Mais detalhes sobre a inflação do eu, cf. Edinger, 2020.

Aplicando-se este imaginário à psicologia do indivíduo, ele refere-se a uma forte inundação impendente pelo inconsciente, uma psicose anunciada. Em tais circunstâncias desesperadoras, Noé, o eu, recebe a promessa de uma aliança de Elohim, o si-mesmo. Uma vez mais, depois que o dilúvio cessou, Elohim disse a Noé:

> Faço convosco a minha aliança: nenhuma vida animal será novamente exterminada pelas águas de um dilúvio e não haverá mais dilúvio para devastar a terra. [...] Este é o sinal da aliança que estabeleço entre mim e vós e todos os seres vivos que estão convosco, por todas as gerações futuras. Ponho meu arco nas nuvens, como sinal de aliança entre mim e a terra (Gn 9,11-13).

Consideradas do ponto de vista psicológico, estas passagens dizem-nos que uma aliança, uma conexão consciente entre o eu e o si-mesmo, está apta a acontecer nos momentos em que o inconsciente está altamente ativado e ameaça inundar o eu. Tendo resistido a essa inundação anunciada (sem ruptura do eu), o indivíduo está amplamente imunizado contra ataques futuros. Às vezes, a imagem real de um arco-íris é usada nos sonhos para transmitir esta mensagem.

Tais encontros com o inconsciente ativado normalmente dá ao indivíduo um vislumbre da totalidade, simbolizada pelo espectro de cores do arco-íris, o *omnes colores* da alquimia. Jung observa:

> O "*omnes colores*" (todas as cores) vem acentuado muitas vezes no texto, e com isso se quer indicar a totalidade. Todas as cores se reúnem então para, por exemplo, formar o branco, com o que a obra alcança para muitos o ponto mais alto. [...] Do ponto de vista moral isto significa simultaneamente que a multiplicidade psíquica da desu-

> nião original consigo mesmo, o caos interior das partes da alma que colidem entre si, os rebanhos de animais de Orígenes, tornaram-se o *vir unus* (o homem uno) [...] uma medida auxiliar que quer significar que as múltiplas cores (que do ponto de vista psicológico querem indicar outros tantos valores de sentimentos distintos e opostos entre si) chegaram a integrar-se no branco (OC 14/2, § 48).

Outra versão da vingança divina acontece no incidente da Torre de Babel. Os seres humanos foram tomados por grande desejo de *sublimatio* (Edinger, 1985) e disseram: "Vamos construir para nós uma cidade e uma torre que chegue até o céu. Assim nos tornaremos famosos. Do contrário, seremos dispersados por toda a superfície da terra" (Gn 11,4). Javé, irritado com esta invasão de seus domínios, abriu um contra-ataque. "Isto é apenas o começo de seus empreendimentos. Agora nada os impedirá de fazer o que se propuserem. Vamos descer ali e confundir a língua deles, de modo que já não se entendam uns aos outros" (Gn 11,6-7). Javé ofende-se com o anseio do ser humano pelo céu, mas isso se deve à maneira pela qual Ele o fez: "Façamos o ser humano à nossa imagem e segundo nossa semelhança", diz em Gn 1,26. Naturalmente, tendo uma inerente semelhança com Deus, o ser humano anseia por ser igual a Deus. Evidentemente Javé não estava consciente do que o aguardava quando criou uma criatura livre e autônoma.

No começo, todas as pessoas falavam a mesma língua; mas, depois da "confusão das línguas", surgiram muitas línguas. Isto representa um processo de diferenciação que emerge da homogeneidade original. Compreendido psicologicamente, trata-se de um evento positivo, a indicar um processo de desenvolvimento no qual as diferenças individuais nascem de um estado original de *participation mystique*[10]. O fato de que o mito represente tal acontecimento como crime é mais uma prova da natureza ambígua da consciência. Pelo menos parcialmente, a busca da consciência é contrária à natureza e expõe o indivíduo a represálias. Contudo, até mesmo isso é ambíguo, porque a retaliação de Javé ao confundir a língua é o próprio instrumento que produz a diferenciação.

O tema da multiplicidade que brota da unidade inconsciente original faz parte de um estágio inicial do desenvolvimento do eu. Em uma fase posterior, a multiplicidade da psique busca uma unidade renovada, mas consciente. Esta etapa posterior está simbolizada pelo Pentecostes, de que a história da Torre de Babel é um antítipo. Em Pentecostes, a descida do espírito transpessoal restaura a unidade da comunicação perdida na Torre de Babel (At 2), significativamente uma reconexão inconsciente do eu e do si-mesmo, a qual havia sido necessariamente perdida em uma etapa anterior do desenvolvimento.

10. "Participação mística". Expressão derivada do antropólogo Lucien Lévy-Bruhl, que designa uma conexão inconsciente primitiva na qual o sujeito não pode claramente distinguir-se do objeto (cf. OC 6, § 781).

3 Abraão e Javé

A vocação

A ideia de relações de aliança entre Deus e o ser humano acontece novamente na história de Abraão, onde ela assume um aspecto mais específico e mútuo quando Javé ordena que Abraão saia de Harã: "Sai de tua terra, do meio de teus parentes, da casa de teu pai e vai para a terra que te mostrarei. Farei de ti uma grande nação e te abençoarei, engrandecendo teu nome, de modo que se torne uma bênção" (Gn 12,1-2)[11].

Esta é a imagem arquetípica do "chamado" que dá início à individuação. Outros exemplos no Antigo Testamento incluem Moisés (Ex 3,4), Samuel (1Sm 3,4), Isaías (Is 6,8) e Jonas (Jn 1,1). O Apóstolo Paulo refere-se frequentemente a este tema, por exemplo, em Ef 4,1: "Portanto, eu, prisioneiro por causa do Senhor, exorto-vos a andardes de maneira digna da vocação a que fostes chamados [*Klesis*]".

O chamado é também uma imagem importante no gnosticismo. O chamado gnóstico é direcionado a alguém que está

11. Cf. Sb 10,5, foi a Sabedoria quem escolheu Abraão.

bêbado, adormecido, perdido na escuridão. É um chamado a despertar e lembrar a origem celeste da pessoa. Um chamado gnóstico deste jaez diz:

> Minha alma, ó esplêndida por excelência, [...] aonde foste? Volta novamente. Desperta, alma de esplendor, do repouso da embriaguez no qual caíste [...], segue-me até o lugar da Terra exaltada onde resides desde o começo (Jonas, 1958).

Abraão é chamado a deixar seu lar, a mudar-se para um novo lugar, uma terra prometida, onde deve multiplicar-se até o tamanho de uma nação. O pedido "sai de tua terra, do meio de teus parentes, da casa de teu pai" faz lembrar o dito de Jesus: "Não penseis que vim trazer paz à terra. Não vim trazer a paz, e sim a espada. Pois vim separar o filho de seu pai, a filha de sua mãe, a nora de sua sogra. Os inimigos da gente serão os próprios parentes" (Mt 10,34-36).

Psicologicamente isto se refere à *separatio* (Edinger, 1985) necessária para romper com um estado de *participation mystique*. Esta é uma exigência básica da individuação. A pessoa deve ser despejada dos contêineres psíquicos que a mantêm inconscientemente identificada com a família, a tribo, o partido, a Igreja e o país. Aquele que consegue dissolver esta *participation mystique* se torna, como Abraão, "uma grande nação". Alcançar o estado de um ser individual consciente é como o nascimento de um novo mundo[12]. Jung alude veladamente a esta ideia misteriosa quando diz:

> É bem possível que contenhamos povos inteiros em nossas almas, mundos onde podemos ser tão infinitamente grandes quanto somos infinitamente pequenos exteriormen-

12. Os alquimistas equiparavam sua obra à criação do mundo.

> te, tão grandes que a história da redenção de toda uma nação ou de todo o universo acontece dentro de nós (Jung, 1976).

A experiência de ser chamado é uma característica decisiva da individuação. Ela traz a irrefutável consciência do centro transpessoal da psique, do si-mesmo e de seus imperativos. Jung descreve a importância psicológica da vocação em seu ensaio *O desenvolvimento da personalidade*:

> Enfim, o que impulsiona a alguém a escolher seu próprio caminho, e a elevar-se como uma camada de nevoeiro acima da identidade com a massa humana? [...] é o que se denomina designação; é um fator irracional, traçado pelo destino, que impele a emancipar-se da massa gregária e de seus caminhos desgastados pelo uso. Personalidade verdadeira sempre supõe designação e nela acredita, nela deposita *pístis* (confiança) como em Deus, [...] esta designação age como se fosse uma lei de Deus, da qual não é possível esquivar-se. [...] Exemplos lindíssimos a respeito disso se encontram no Antigo Testamento (OC 17, § 299ss.).

Somente pode tornar-se personalidade quem é capaz de dizer um "sim" consciente ao poder da destinação interior que se lhe apresenta; quem sucumbe diante dela fica entregue ao desenrolar cego dos acontecimentos e é aniquilado. O que cada personalidade tem de grande e de salvador reside no fato de ela, por livre decisão, sacrificar-se à sua designação e traduzir conscientemente em sua realidade individual aquilo que, se fosse vivido inconscientemente pelo grupo, unicamente poderia conduzir à ruína (OC 17, § 301).

"Luciferino", no sentido próprio e menos dúbio da palavra, é o caráter da voz interior; por isso ela coloca o homem diante de decisões morais definitivas, sem as quais ele jamais atingiria a consciência e se tornaria uma personalidade. De modo imperscrutável acontece muitas vezes que se acham misturados na voz interior o mais baixo e o mais alto, o melhor e o pior, o mais verdadeiro e o mais fictício, o que produz um abismo de confusão, ilusão e desespero (OC 17, § 319).

Este aspecto ambíguo e até mesmo perigoso da vocação muitas vezes não é visível no material canônico, que foi refinado ao longo de muitos séculos para fins teológicos. Tais elementos ausentes são encontrados eventualmente nas lendas que se acumulam ao redor das figuras sagradas. Consoante a lenda, a razão imediata para Abraão mudar-se para Canaã era que o rei Nemrod procurava matá-lo. O rei tivera um sonho que seus adivinhos interpretaram como a significar que ele perderia a vida nas mãos de um descendente de Abraão (Ginzberg, 1956). A implicação psicológica é clara: honrar a autoridade interior, a fonte do chamado, pode exigir a negação da autoridade exterior e projetada, expondo-se, assim, a perigosa represália. Na lenda, o chamado de Abraão expõe-no ao mesmo perigo que os recém-nascidos Moisés e Cristo experimentam.

A aliança

O próximo encontro de Abraão com Javé é descrito em Gn 15:

> Depois desses acontecimentos, o Senhor falou a Abrão numa visão, dizendo: “Não temas, Abrão! Eu sou o escudo que te protege; tua recompensa será muito grande”.
>
> Abrão respondeu: “Senhor Deus, que me haverás de dar, se eu devo deixar este mundo sem filhos”, [...] e acrescentou: “Como não me deste descendência, meu criado é que será o herdeiro”. Então lhe foi dirigida a palavra do Senhor: “Não será esse o herdeiro, mas um de teus descendentes

é que será o herdeiro". E conduzindo-o para fora lhe disse: "Olha para o céu e conta as estrelas, se fores capaz!" e acrescentou: "Assim será tua descendência". Abrão teve fé no Senhor e isto lhe foi creditado como justiça.

E lhe disse: "Eu sou o Senhor que te fez sair de Ur dos Caldeus, para te dar esta terra em posse". Abrão lhe perguntou: "Senhor Deus, como poderei saber que vou possuí-la?" E o Senhor lhe disse: "Traze-me uma novilha de três anos, uma cabra de três anos e um carneiro de três anos, além de uma rola e uma pombinha".

Abrão trouxe tudo e dividiu os animais pelo meio, mas não as aves, colocando as respectivas partes uma frente à outra. Aves de rapina se precipitaram sobre os cadáveres, mas Abrão as enxotou.

Quando o sol já ia se pondo, caiu um sono profundo sobre Abrão, e ele foi tomado de grande e misterioso terror. E o Senhor disse a Abrão: "Fica sabendo que tua descendência viverá como estrangeira num país que não será o deles. Serão escravizados e oprimidos durante quatrocentos anos. Mas eu castigarei a nação que os escravizará, e depois sairão dali com grandes riquezas. Quanto a ti, irás reunir-te em paz com teus pais e serás sepultado depois de uma feliz velhice. Na quarta geração voltarão para cá, pois a culpa dos amorreus ainda não se completou".

Quando o sol se pôs e escureceu, apareceu um fogareiro fumegante e uma tocha de fogo, que passaram por entre as partes dos animais esquartejados. Naquele dia o Senhor fez aliança com Abrão, dizendo: "A teus descendentes dou esta terra, desde a Torrente do Egito até o grande rio, o Eufrates: terra dos quenitas, dos quenezitas, dos cadmonitas, dos hititas, dos ferezeus, dos refaítas, dos amorreus, dos cananeus, dos gergeseus e dos jebuseus" (v. 1-21).

A aliança descrita aqui entre Javé, de um lado, e Abraão e seus descendentes, de outro, é a mensagem central do Antigo Testamento. Abraão é informado de que os frutos de sua vida serão incontáveis e da natureza das estrelas. Para além do sentido literal, esta passagem refere-se aos produtos *psíquicos* de sua vida, que deverão ser infinitos e siderais. Isto é uma alusão aos efeitos transpessoais da individuação. Há motivo para acreditar que as realizações psíquicas do indivíduo são transferidas para o reino arquetípico e tornam-se conteúdos permanentes da psique coletiva (Edinger, 1984). Isso parece ser o que foi prometido a Abraão. Ele deverá ser o pai de "coisas estelares". Jung diz-nos: "Para o homem a questão decisiva é esta: você se refere ou não ao infinito? [...] Finalmente, só valemos pelo essencial" (Jung, 1987). Esta observação tem dois aspectos. De um lado, o eu tem algum valor se tiver feito uma conexão com o imortal eterno. Por outro lado, vale algo se tiver assumido qualidades eternas, ou seja, se *tiver criado uma porção de eternidade* (a Pedra Filosofal).

A aliança que Javé propõe é ratificada por um notável ritual sacrifical. Uma novilha, uma cabra e um carneiro são divididos ao meio, sendo uma parte colocada de um lado, e a outra do lado oposto. Quando desceu a noite, Javé apareceu como "um fogareiro fumegante e uma tocha de fogo, que passaram por entre as partes dos animais esquartejados". Sabemos por Jr 34,18 que este é um antigo ritual de aliança:

> Os contraentes passavam entre as partes sangrentas e chamavam sobre si a sorte que coube a estas vítimas, se transgredissem seu compromisso. Sob o símbolo do fogo (cf. a sarça ardente, Ex 3,2; a coluna de fogo, Ex 13,21; o Sinai fumegante, Ex 19,18) é Iahweh que passa, e passa sozinho, porque sua aliança é um pacto unilateral (Gn 15,17, BJ nota e).

W. Robertson Smith tem um comentário interessante sobre este ritual. Escreve ele:

> A expressão hebraica *karath berith*, "fazer (literalmente, cortar) uma aliança", é geralmente derivada da forma peculiar de sacrifício mencionada em Gn 15; Jr 34,18, onde a vítima é cortada em dois e os contratantes passam entre os pedaços. Este rito é repetidamente explicado como forma simbólica de imprecação, como se os que juram um ao outro rezassem para que, se por acaso se revelassem infiéis, pudessem ser similarmente cortados em pedaços. Contudo, isso não explica o traço característico na cerimônia de passar entre os pedaços; por outro lado, vemos a partir de Ex 24,6-8 [...] que a divisão do sacrifício e a aplicação do sangue para ambos os contratantes vão juntas. O sacrifício, presumivelmente, era dividido em duas partes (como em Ex 24,6-8 o sangue é dividido em duas partes), quando ambos os contratantes se juntam para comê-lo; e quando cessa de ser comido, os contratantes ficam entre as duas partes, como símbolo de que foram assumidos dentro da vida mística da vítima (Smith, 1956).

Visto que a vítima é dividida em dois pedaços, o simbolismo do número 2 parece relevante. Somos lembrados do sentido original da palavra grega *symbolon*:

> No uso grego original, os símbolos referiam-se às duas metades de um objeto, tal como uma vara ou uma moeda, que duas partes dividem entre si como um sinal de compromisso, e que mais tarde serve de prova da identidade daquele que apresentar uma das partes diante daquele que está de posse da outra. O termo correspondia à palavra inglesa *tally* ('entalhe'), que o dicionário Webster descreve do seguinte modo: "Após marcar numa vara, com entalhes, a quantidade ou o número de bens enviados, os comerciantes costumavam dividir essa vara em

> sentido longitudinal, passando por todos os entalhes, de modo que as metades resultantes correspondessem entre si exatamente, ficando o vendedor com uma das partes, e o comprador com outra". Portanto, um símbolo era, originalmente, uma *tally*, referindo-se à parte de um objeto que lhe faltava, parte essa que, quando restituída à outra parte, ou colocada junto dela, recriava o objeto inteiro original (Edinger, 2020).

Entretecida no rito arcaico de aliança parece estar latente a ideia da reunião ou restituição de um estado primordial de divisão. Como o ser humano original esférico de Platão (*Banquete*, 189s.), a vítima sacrifical é dividida em duas partes. Ao passarem entre as metades divididas, as partes que estão fazendo a aliança simbolicamente restauram a unidade e a integridade da vítima. Onde os participantes da aliança são Deus e o ser humano, a implicação é que a conexão perdida do eu com o si-mesmo está sendo restaurada juntamente com a totalidade da psique.

Um detalhe significativo aparece em Gn 15,12: "Quando o sol já ia se pondo, caiu um sono profundo sobre Abrão, e ele foi tomado de grande e misterioso terror [horror de grande escuridão, AV]". Este "terror" é o equivalente psicológico ao sacrifício que acabou de ser executado. De um lado, é a reação humana a um encontro com o *numinosum*; de outro, a disposição do eu para aceitar o terror é sua oferta sacrifical para a realização do si-mesmo. Poder-se-ia chamar a esta imagem a base arquetípica da ansiedade.

Comentadores posteriores atribuíram grande importância a Gn 15,6: "Abrão teve fé no Senhor e isto lhe foi creditado como justiça". Conforme a lenda judaica, "a redenção de Israel do exílio acontecerá como recompensa por sua firme confiança"

(Ginzberg, 1956). Paulo cita este versículo como exemplo da justificação pela fé e considera Abraão modelo para a fé cristã em Cristo. "Com efeito, não foi em virtude da Lei que a promessa de herdar o mundo foi feita a Abraão e à sua descendência, mas em virtude da justiça da fé" (Rm 4,13). Jung retoma a importância psicológica da fé no ensaio citado anteriormente:

> O desenvolvimento da personalidade encerra mais do que o simples temor de algo monstruoso e anormal ou do isolamento, indica também: *fidelidade à sua própria lei.* Em lugar de fidelidade gostaria de empregar aqui a palavra grega *pístis*. Ela costuma ser traduzida erroneamente por "fé", mas o sentido específico é confiança, lealdade repleta de confiança. A fidelidade à sua própria lei significa confiar nessa lei, perseverar com lealdade e esperar com confiança; enfim, é a mesma atitude que uma pessoa religiosa deve ter para com Deus (OC 17, §§ 295-296).

O próximo encontro de Abraão com Javé é descrito em Gn 17:

> Quando Abrão tinha 99 anos, apareceu-lhe o Senhor e lhe disse: "Eu sou o Deus Poderoso. Anda na minha presença e sê perfeito. Quero estabelecer contigo minha aliança e multiplicar sem limites tua descendência".
>
> Abrão caiu com o rosto em terra, e Deus continuou falando: "De minha parte, esta é a minha aliança contigo: tu serás pai de uma multidão de nações. Já não te chamarás Abrão mas teu nome será Abraão, porque farei de ti o pai de uma multidão de nações. Eu te tornarei extremamente fecundo. De ti farei nações e terás reis como descendentes. Estabeleço minha aliança entre mim e ti e tua posteridade para sempre, uma aliança eterna, para ser teu Deus e o Deus de tua descendência. A ti e a teus descendentes darei a terra em que vives como estrangeiro, todo o país de Canaã, como propriedade perpétua. Eu serei o Deus deles".

> Deus disse a Abraão: "Tu, de tua parte, guardarás minha aliança, tu e tua descendência para sempre. Esta é a minha aliança que devereis observar entre mim e vós e tua descendência futura: todo homem entre vós deverá ser circuncidado. Circuncidareis a carne do prepúcio: esse será o sinal da aliança entre mim e vós. No oitavo dia do nascimento serão circuncidados todos os meninos, de cada geração, mesmo os filhos dos escravos nascidos em casa ou comprados de algum estrangeiro, não pertencentes a tua raça. Seja circuncidado tanto o escravo nascido em casa como o comprado a dinheiro. Assim trareis em vossa carne o sinal de minha aliança para sempre. O incircunciso, porém, que não circuncidar a carne de seu prepúcio, seja eliminado do povo, porque violou minha aliança" (v. 1-14).

Nesta ocasião, a promessa de Javé é repetida, mas em vez de um sacrifício de animal para ratificar a aliança, exige-se o ritual da circuncisão. "Assim trareis em vossa carne o sinal de minha aliança para sempre". Claramente, o suplício da circuncisão é uma alternativa ao sacrifício de animal de Gn 15. Tem-se sugerido que a circuncisão era originalmente um substituto para o sacrifício de crianças (OC 5, § 671 e nota). De acordo com George Barton,

> no início [...] a circuncisão semítica era verossimilmente um sacrifício à deusa da fertilidade. Se a intenção era assegurar a bênção da deusa e, assim, garantir descendência mais abundante, ou se era considerado como o sacrifício de uma parte em lugar da pessoa inteira, não podemos determinar com clareza (Hastings, 1922, vol. 3).

Sabemos que a deusa mãe do Oriente Próximo era servida por sacerdotes eunucos, os *Galli*, que em dedicação extática costumavam castrar-se e lançar os órgãos genitais cortados ao colo da deusa. Parece que Javé assumiu uma versão mitigada deste sacrifício na medida em que reclama para si a lealdade anteriormente oferecida à Grande Mãe. O princípio-do-espírito patriarcal substitui o princípio-da-natureza do matriarcado como o valor supremo. Paulo alude à antiga conexão entre circuncisão e castração no serviço da Grande Mãe na sarcástica observação de Fl 3,2: "Cuidado com a mutilação" (*katatome*, concisão [latim *concaedere* → *considere*, "cortar completamente"], em vez de *peritome*, circuncisão), uma referência aos que se dilaceravam e mutilavam-se em honra da Grande Mãe (Fl 3,2, BJ nota d).

A circuncisão é uma castração simbólica, isto é, um sacrifício do desejo original não regenerado. Tem o mesmo sentido do mandamento "Não cobiçarás" (Ex 20,17; Rm 7,7). A libido natural é voltada contra si mesma em fidelidade ao espírito. Esta mesma imagem está por trás da afirmação de Cristo de que "há aqueles que assim se fizeram [eunucos] por amor do Reino dos Céus" (Mt 19,12). Posteriormente, a imagem da circuncisão é usada explicitamente para referir-se a uma atitude psíquica transformada pela consciência de Deus, como em Dt 10,16: "Circuncidai, pois, os vossos corações e já não endureçais a cabeça". Similarmente, Estêvão repreende seus agressores: "Homens de dura cerviz, incircuncisos de coração e de ouvidos, vós sempre resistis ao Espírito Santo!" (At 7,51 – BJ).

A visita em Mambré

Tal como Baucis e Filêmon, Abraão e Sara descobrem que estão recepcionando uma divindade em Gn 18. Três figuras aparecem, descritas de diversas maneiras como três homens, como anjos e como Javé. Conforme a lenda, as três figuras eram os três anjos, Miguel, Rafael e Gabriel, cada um encarregado por

Deus de uma missão específica. "Rafael deveria curar a ferida [da circuncisão] de Abraão, Miguel deveria trazer a Sara as boas-novas de que ela teria um filho, e Gabriel deveria causar a destruição de Sodoma e Gomorra" (Ginzberg, 1956). A lenda relata que a visita aconteceu no terceiro dia depois da circuncisão de Abraão e acrescenta que o dia estava extremamente quente, pois Deus "havia perfurado um buraco no inferno" (Ginzberg, 1956).

O terceiro dia depois da circuncisão é tipicamente o dia de maior dor e verossimilmente o período de maior perigo, a julgar pelo destino dos siquemitas que "no terceiro dia, quando ainda sofriam as dores", foram atacados e assassinados pelos irmãos da violentada Dina (Gn 34,25). De maneira mais geral, o "terceiro dia", *yom shelishi*, é o tempo arquetípico em que o evento numinoso se manifesta. No terceiro dia Abraão chegou a Moriá, onde devia sacrificar Isaac (Gn 22,4); no terceiro dia, o faraó realizou o que José predissera em sua interpretação do sonho (Gn 40,20); Moisés é informado de que "no terceiro dia o Senhor descerá à vista de todo o povo sobre a montanha do Sinai" (Ex 19,11); no terceiro dia Javé curou Ezequias (2Rs 20,5); no terceiro dia, Ester ousou encarar o Rei Assuero (Est 5,1); no terceiro dia, Javé, que nos "despedaçou", promete que "nos levantará e nós viveremos em sua presença" (Os 6,2); no terceiro dia, aconteceu o casamento em Caná, durante o qual a água foi transformada em vinho (Jo 2,1) e, finalmente, foi no terceiro dia depois de sua morte que Cristo foi "ressuscitado" (Mt 16,21; 20,19 etc.).

A visita em Mambré traz consigo simultaneamente cura da circuncisão, promessa de progênie imediata e destruição (de Sodoma e Gomorra). O anúncio do nascimento de Isaac é, ao mesmo tempo, uma concepção. Isto está indicado por Gn 18,10, que diz literalmente: "quando eu voltar a ti *por volta do intervalo de uma vida* [isto é, no fim do período da gravidez], Sara, tua mulher, já terá um filho" (*Anchor Bible*, Gn 18,10 nota). Isto corresponde à implicação simbólica semelhante na Anunciação a Maria (Lc 1,26ss.), e refere-se ao fato psicológico de que um encontro entre o eu e o si-mesmo frequentemente conduz a uma gravidez psicológica, expressa em sonhos por imagens de gestação e de nascimento[13].

O calor do dia devido ao "buraco no inferno" alude à intensidade afetiva que acompanha a ativação do inconsciente, e corresponde ao fogo e ao enxofre que choveram sobre Sodoma e Gomorra (Gn 19,23). O mesmo evento está curando e inseminando no "justo" aspectos da psique e é experimentado como fogo destruidor pelos aspectos "pecadores". Do ponto de vista psicológico, é altamente significativo o protesto de Abraão junto a Javé, num esforço para mitigar-lhe a ira (Gn 18,16-33). Por seus esforços, Ló e sua família são salvos (Edinger, 1984).

O sacrifício de Isaac (a Akedah)

Em Gn 22 nos é dado um profundo vislumbre do misterioso aspecto do relacionamento eu-si-mesmo:

> Depois desses acontecimentos, Deus pôs Abraão à prova. Chamando-o, disse: "Abraão", e ele respondeu: "Aqui estou". E Deus disse: "Toma teu único filho Isaac a quem tanto amas, dirige-te à terra de Moriá e oferece-o ali em holocausto sobre um monte que eu te indicar".

13. Cf. o exemplo publicado em OC 16/2, § 377ss.

> Abraão levantou-se bem cedo, selou o jumento, tomou consigo dois criados e o filho Isaac. Rachou lenha para o holocausto e se pôs a caminho para o lugar do qual Deus lhe havia falado. Ao terceiro dia Abraão levantou os olhos e viu de longe o lugar. Disse então aos criados: "Ficai aqui com o jumento, enquanto eu e o menino vamos até lá. Depois de adorarmos a Deus, voltaremos a vós".
>
> Abraão tomou a lenha para o holocausto e colocou-a às costas do filho Isaac, enquanto levava o fogo e a faca. E os dois continuaram caminhando juntos. Isaac disse ao pai Abraão: "Pai!" "O que queres, meu filho?", respondeu. E o menino disse: "Temos o fogo e a lenha, mas onde está o cordeiro para o holocausto?" E Abraão respondeu: "Deus providenciará o cordeiro para o holocausto, meu filho". E os dois continuaram caminhando juntos.
>
> Chegados ao lugar indicado por Deus, Abraão ergueu ali o altar, colocou a lenha em cima, amarrou o filho e o pôs sobre a lenha do altar. Depois estendeu a mão e tomou a faca para imolar o filho.
>
> Mas o anjo do Senhor gritou-lhe dos céus: "Abraão! Abraão!" Ele respondeu: "Aqui estou!" E o anjo disse: "Não estendas a mão contra o menino e não lhe faças mal algum. Agora sei que temes a Deus, pois não me recusaste teu único filho". Abraão ergueu os olhos e viu um carneiro preso pelos chifres num espinheiro. Pegou o carneiro e ofereceu-o em holocausto em lugar do filho (v. 1-14).

De acordo com a lenda, Javé foi provocado por Satanás a fim de pôr Abraão à prova, do mesmo modo como Jó foi provado (Ginzberg, 1956). Certamente Abraão foi confrontado com o desesperado paradoxo de Javé, que inicialmente prometeu-lhe descendentes sem conta por meio de Isaac, e em seguida ordena que Isaac seja morto. Uma forma de compreender este paradoxo é vê-lo como um conflito entre dois níveis diferentes de desenvolvimento da divindade.

Como escrevi em outro lugar, a pista para essa interpretação é o fato de que o nome divino se modifica no decorrer do relato. No início, o nome divino é *"Elohim"*, isto é, Deus. Ao final da história, quando Abraão é contido no momento de sacrificar Isaac, o nome usado é Javé. Do ponto de vista da crítica bíblica, isso significa que dois documentos diferentes (os documentos E e J) combinaram-se para compor o texto canônico. Entretanto, do ponto de vista da psicologia empírica, que faz a leitura do sonho ou das escrituras tais como se apresentam, isso significa que ocorreu uma transformação da divindade. A mesma coisa é indicada pelo fato de que Deus muda de ideia e já não quer que Isaac seja sacrificado.

O texto começa com a afirmação de que Deus "pôs Abraão à prova". Qual é a natureza dessa prova? Abraão foi apanhado entre dois níveis diferentes da manifestação divina: um Deus primitivo (Elohim), que exigia o sacrifício humano, e um Deus mais diferenciado e misericordioso (Javé). Eis o que observa um estudioso da Bíblia: "Ao tempo de Abraão, o sacrifício do primogênito era uma prática comum entre as raças semitas, sendo encarado como a oferenda mais agradável que os homens podiam fazer a suas divindades. Era a "doação do primogênito pela transgressão deles, a entrega do primeiro fruto de seus corpos pelo pecado de suas almas" (Mq 6,7) (Dummelow, 1975). Abraão fica na assustadora posição de ter que servir de intermediário entre dois níveis de desenvolvimento da divindade. Essa é sua prova.

O nível primitivo da divindade é representado pelo carneiro que, segundo a lenda, pastava no paraíso antes de ser transportado para a moita no Monte Moriá (Wellisch, 1954). O carneiro significa a energia arquetípica pecaminosa que precisa ser extraída do inconsciente e sacrificada. Abraão participa de um processo de transformação divina ao se permitir contemplar impulsos assassinos contra Isaac. Isso traz à consciência a energia do carneiro, onde ela pode ser sacrificada sob a égide do aspecto mais diferenciado de Deus. Psicologicamente, poderia se dizer que a prova de Abraão determinou se ele estaria ou não disposto a arriscar um contato consciente com seus afetos primitivos, confiando em que eles seriam passíveis de transformação.

Os Padres da Igreja consideravam Isaac como uma prefiguração de Cristo. Por exemplo, Santo Agostinho diz que "o próprio [Isaac] carregou para o local do sacrifício a lenha em que seria oferecido em holocausto, assim como o Senhor carregou Ele próprio sua cruz". Havia também o carneiro, "preso pelos chifres na moita: a quem representaria ele senão Jesus que, antes de ser oferecido em sacrifício, foi coroado de espinhos pelos judeus?" (Agostinho, *A Cidade de Deus*, 16, 32). Segundo essa associação, a prova a que Javé submete Abraão consiste em determinar se Abraão está disposto a compartilhar a provação futura de Javé, sacrificando seu próprio filho, Cristo. Abraão é solicitado a participar do drama trágico da transformação divina. Ele concorda, o que permite que se diga também a seu respeito, como a propósito de Javé, que ele "amou tanto [...] que entregou seu Filho único" (Jo 3,16) (Edinger, 1984).

Gn 22 faz parte da série de passagens relativas à aliança, citadas anteriormente, conforme indicado pelos versículos 16-18:

> Juro por mim mesmo – oráculo do Senhor – uma vez que agiste deste modo e não recusaste teu único filho, eu te abençoarei e tornarei tão numerosa tua descendência

> como as estrelas do céu e como as areias da praia do mar. Teus descendentes conquistarão as cidades dos inimigos. Por tua descendência serão abençoadas todas as nações da terra, porque tu me obedeceste.

A promessa para os descendentes de Abraão é a mesma promessa de aliança anteriormente afirmada em Gn 15 e 17. Desse modo, a intenção de sacrificar Isaac corresponde aos animais divididos em dois e à exigência da circuncisão nos relatos anteriores. Chegamos, portanto, à equação simbólica: animais divididos = circuncisão = sacrifício do filho, três formas de sacrifício.

Sacrifício é imagem central no culto a Javé no Antigo Testamento, e imagem central também no cristianismo. O sacrifício de Isaac, por parte de Abraão, é o supremo exemplo que ilustra a relação que se desenvolve entre o eu e o si-mesmo. Jung escreve:

> Assim, pois, o si-mesmo é aquilo que me leva a sacrificar e até mesmo me compele a oferecer o sacrifício. O si-mesmo é o sacrificante e eu sou a vítima sacrificada, isto é, o sacrifício humano. Coloquemo-nos, por um momento, no íntimo de Abraão, que, por uma ordem divina vinda do alto, devia oferecer seu filho único em sacrifício. Em tais circunstâncias, um pai, além da compaixão para com o próprio filho, não se sentiria como vítima sacrificada, sofrendo no próprio coração o golpe do cutelo do sacrifício? Sim, ele seria, ao mesmo tempo, sacrificador e vítima sacrificada.
>
> Porém, como a relação do eu para com o si-mesmo corresponde à relação do filho com o pai, podemos dizer que o si-mesmo, compelindo-nos ao autossacrifício, realiza o ato sacrifical em si próprio. É possível que percebamos o que significa para nós esse ato sacrifical; o que não ve-

> mos tão claramente é o que ele significa para o si-mesmo. Como só percebemos o si-mesmo através de atos isolados, pois como um todo ele permanece oculto para nós, devido à sua natureza bastante ampla, não podemos tirar conclusões a partir do pouco que sabemos a seu respeito. Vimos anteriormente que só pode haver sacrifício quando o si-mesmo o executa em nós de maneira perceptível e inequívoca. Podemos também aventar a ideia de que, estando o si-mesmo para conosco na mesma relação que o pai para com o filho, o si-mesmo sente de certo modo o nosso sacrifício, como sendo um autossacrifício. Nós ganhamo-nos a nós mesmos com o autossacrifício, ganhamos o si-mesmo, pois só damos o que temos. Mas o que é que ganha o si-mesmo? Vemos que ele se manifesta, que se desliga da projeção inconsciente, que entra em nós, que de nós se apodera, passando então do estágio de dissolução do inconsciente para o estágio consciente e do estágio em potência para o estágio em ato. Não sabemos o que ele é no estágio inconsciente. No entanto, sabemos agora que ele se tornou homem, tornou-se o que somos (OC 11/3, §§ 397-398).

Ao ser solicitado a sacrificar seu filho, Abraão é colocado na mesma posição de Javé, que está sacrificando seu filho Abraão ao impor-lhe este suplício. O si-mesmo exige que o eu realize suas ações (as do si-mesmo) no mundo. Se isso é feito inconscientemente, é inflação; se feito conscientemente, é um sacrifício. Quando o eu aceita a missão, pode proporcionar alívio de efeitos destrutivos generalizados que emanam do inconsciente; de igual modo, a mortandade foi debelada quando Fineias assumiu para si a tarefa de executar a vingança de Javé (Nm 25,1-8). No caso de Abraão, o efeito foi a renovação da aliança.

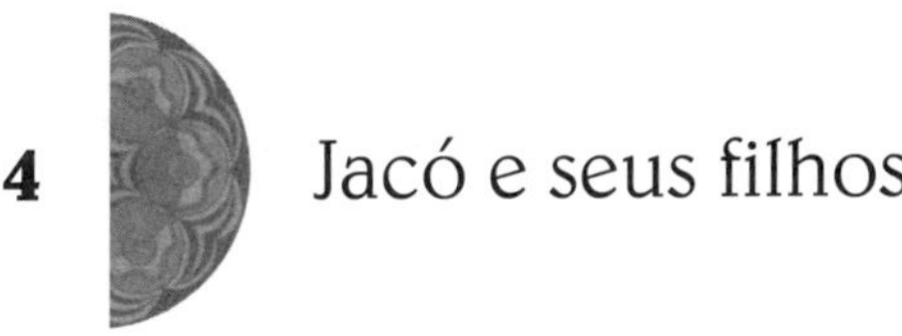

4 Jacó e seus filhos

Jacó e Esaú

A história de Jacó e Esaú indica que o eu destinado à individuação nasceu gêmeo. Outros exemplos desta mesma imagem arquetípica são Rômulo e Remo, e os Dióscuros, Castor e Pólux. A divisão em dois tem duplo aspecto: eu e sombra, e eu e si-mesmo. Ambos os aspectos aparecem nos relacionamentos de Jacó com Esaú.

Conforme a lenda, os gêmeos personificavam o bem e o mal. "Havia sido decretado que [...] [Rebeca], a filha de um idólatra, teria dois filhos, um parecido com Abraão, e o outro semelhante a Betuel" (Gaer, 1966). Mesmo enquanto ainda estava no ventre, a boa e a má natureza dos dois se expressava. "De fato, cada vez que Rebeca passava por um lugar onde havia ídolos, um dos gêmeos queria que ela entrasse e empurrava o outro; e cada vez que Rebeca passava por uma Casa de Deus, o outro gêmeo queria que ela entrasse" (Gaer, 1966). Embora nos começos de Israel estes opostos tivessem de ser separados, no fim eles devem ser reunidos. Assim, um comentário rabínico diz: "O Messias, filho de Davi, não virá antes que as lágrimas de Esaú tenham cessado de correr" (Gubtiz, 1977).

Em conformidade com o que fora predito por Javé (Gn 25,23) e com a conivência de sua mãe Rebeca, Jacó roubou a primogenitura e a bênção paterna pertencentes a Esaú. Um crime encontra-se bem no começa da história de Israel. As implicações psicológicas desse crime primordial foram claramente elaboradas em um excelente ensaio de Myron Gubitz (1977). A ideia básica é que o eu estabelece sua existência singular e autônoma mediante uma negação e dissociação da sombra. No entanto, é exigido alto preço. Segundo Gubitz, Amalec, o neto de Esaú, tornou-se a personificação da sombra dissociada na psique coletiva judaica como consequência do crime contra Esaú. Os amalecitas fizeram guerra contra Israel, e como reação Moisés anunciou que "o Senhor estará em guerra contra Amalec, de geração em geração" (Ex 17,16). O crime não reconhecido contra Esaú estabeleceu um dissociado complexo de culpa e de vingança que contrapõe a descendência de Jacó à descendência de Esaú. Gubitz (1977) escreve:

> Em termos psicológicos, a ansiedade em relação à violência ou à destruição iminentes (paranoia, em caso extremo) geralmente está associada a um senso de culpa profundamente sedimentado. Com frequência, também, esta culpa é o lado oposto de uma inflação psíquica, uma superidentificação com um poderoso arquétipo. Na história mítica do povo judeu, ambos os fatores podem ser remontados à ruptura Jacó-Esaú e ao longo dos tempos por meio da propagação do mito de Amalec. A culpa na psique coletiva judaica é o preço inevitável pago pelo roubo de Jacó-Israel do direito de progenitura de Esaú, por sua aquisição fraudulenta da bênção paterna e pela rejeição consciente daqueles aspectos e valores personificados por Esaú. Em termos do modo de

> consciência fundamental para a cultura judaico-cristã, este pode ter sido um passo avante, um movimento de distanciamento do puramente terrestre, irracional e politeísta, rumo a um novo plano de espiritualidade e moralidade. Entretanto, como observa Herman Hesse em *O jogo das contas de vidro*: "Entre as dores que acompanham uma verdadeira vocação, estas são as mais amargas. Quem recebeu o chamado recebe, ao aceitá-lo, não somente um dom e uma ordem, mas também algo parecido com a culpa".
>
> O que distinguia os israelitas dos outros povos, em um estádio inicial, era seu compromisso com a exclusividade do monoteísmo, sua identificação com Javé e sua meta de perfeição moral no reino das vicissitudes humanas. A consequência psicológica incontornável de tal compromisso perfeccionista, de qualquer compromisso irrestrito com uma meta que é, por definição, inatingível, é uma estrutura de culpa amplamente difusa. Ao estender avidamente os braços em direção à espiritualidade transcendente, o indivíduo torna-se culpado por desprezar o chão terreno que dá origem e nutrimento a toda vida. Ao sentir-se o representante humano de Deus na terra, o indivíduo também coloca sobre os próprios ombros o fardo das deficiências humanas da humanidade e, assim, a culpa pela incapacidade humana de estar à altura do ideal divino de perfeição. Possuído por um arquétipo imensamente poderoso e, portanto, separado do resto da humanidade como escolhido de Deus, o indivíduo deve ter uma compreensão inconsciente de que seus irmãos de sangue foram desdenhados, que estar separado também significa ser exposto como alvo de imensas projeções negativas e de todo tipo de energias destrutivas que eles podem desencadear.

Estas observações não se aplicam somente "à psique coletiva judaica". O mito de Jacó-Esaú pertence à psique ocidental como um todo e, portanto, a todos nós.

Depois de roubar a bênção de Esaú, Jacó foi obrigado a fugir do país a fim de escapar à vingança de seu irmão. Na primeira noite fora, o fugitivo teve um sonho numinoso.

> Jacó saiu de Bersabeia e dirigiu-se a Harã. Chegou a um lugar onde resolveu passar a noite, pois o sol já se havia posto. Pegou uma das pedras do lugar, colocou-a como travesseiro e dormiu ali.
>
> Teve um sonho: Via uma escada apoiada no chão e com a outra ponta tocando o céu. Por ela subiam e desciam os anjos de Deus. No alto da escada estava o Senhor que lhe disse: "Eu sou o Senhor, Deus de teu pai Abraão, o Deus de Isaac. A ti e à tua descendência darei a terra sobre a qual estás deitado. Tua descendência será como o pó da terra, e te espalharás para o Ocidente e para o Oriente, para o Norte e para o Sul. Em ti e em tua descendência serão abençoadas todas as famílias da terra. Estou contigo e te guardarei aonde quer que vás, e te reconduzirei a esta terra. Nunca te abandonarei até cumprir o que te prometi".
>
> Ao despertar, Jacó disse: "Sem dúvida o Senhor está neste lugar e eu não sabia". Ficou com medo e acrescentou: "Como é terrível este lugar! Isto aqui só pode ser a casa de Deus e a porta do céu". Jacó levantou-se bem cedo, tomou a pedra que lhe servira de travesseiro, ergueu-a como coluna sagrada e derramou óleo por cima. Ele chamou aquele lugar "Betel". Antes, porém, a cidade se chamava Luza.
>
> Jacó fez, então, este voto: "Se Deus estiver comigo e me proteger nesta viagem, se Ele me der pão para comer e roupa para vestir e se eu voltar são e salvo para a casa de meu pai, então o Senhor será meu Deus. Esta pedra que ergui como coluna sagrada será transformada em casa de Deus e eu te darei o dízimo de tudo que me deres" (Gn 28,10-22).

Esta é uma imagem clássica do eixo eu-si-mesmo. De maneira típica, o grande sonho ocorre em um momento particular de uma sequência de acontecimentos. A ação heroica de Jacó para firmar seu destino é seguida de um perigo mortal e do exílio. Neste ponto baixo de alienação, concede-se ao eu uma visão de sua conexão com o si-mesmo (Edinger, 2020).

Consoante à lenda, Jacó teve seu sonho no Monte Moriá, o lugar do sacrifício de Isaac e futuro lugar do templo de Salomão. Doze pedras do altar sobre o qual Isaac jazeu tinham-se juntado miraculosamente formando uma única pedra que foi o travesseiro de Jacó e depois estabelecida como coluna e ungida. Deus afundou essa pedra ungida no abismo para servir como o centro da terra, a mesma pedra, o *Eben Shetiyah*, que forma o centro do santuário, sobre o qual o Nome Inefável é gravado: o conhecimento desse Nome faz um homem ter domínio sobre a natureza, a vida e a morte (Ginzberg, 1956).

A imagem da pedra de Jacó aparece na Cabala e novamente na alquimia como símbolo da Pedra Filosofal. Jung escreve:

> [No Sohar], Chaje Sarah em Gn 28,22 se menciona que Malchuth é chamada de *statua*, por estar ela unida a Tipheret. A passagem bíblica é (Vulgata): "*Et lapis iste quem erexit in titulum, vocabitur domus Dei*" etc. Esta pedra evidentemente deve lembrar que aí o superior (Tipheret) se uniu ao inferior (Malchuth). Tipheret é o "filho" que se une com a "matrona" (Malchuth) em um *hierósgamos* (casamento sagrado). A *statua*, portanto, se estiver correta a suposição, poderia em sentido cabalístico significar o *lapis philosophorum* (pedra filosofal) (OC 14/2, § 233).

Como acontece frequentemente na análise de indivíduos, foi concedida a Jacó uma visão antecipatória da *coniunctio* no início do processo. A verdadeira conquista consciente dela é o esforço de toda uma vida.

Depois de muitos anos, um homem rico, com duas esposas e onze filhos, Jacó, é obrigado a separar-se da família de seu sogro e estabelecer-se independentemente. Agora deve retornar a seu próprio país e encontrar seu irmão injustiçado de quem ele fugiu havia muitos anos. A sombra reprimida retorna, e Jacó está aterrorizado. Durante a noite anterior ao seu encontro com Esaú, ele teve um encontro crucial.

> Quando Jacó ficou sozinho, um homem se pôs a lutar com ele até o romper da aurora. Vendo que não podia vencê-lo, atingiu-lhe a articulação da coxa de modo que o tendão da coxa de Jacó se deslocou enquanto lutava com ele. O homem disse a Jacó: "Solta-me, pois já surge a aurora". Mas Jacó respondeu: "Não te soltarei se não me abençoares". E o homem lhe perguntou: "Qual é o teu nome?" – "Jacó", respondeu. E ele lhe disse: "De ora em diante já não te chamarás Jacó mas Israel, pois lutaste com Deus e com homens e venceste". E Jacó lhe pediu: "Dize-me, por favor, teu nome". Mas ele respondeu: "Para que perguntas por meu nome?" E ali mesmo o abençoou.
>
> Jacó deu àquele lugar o nome de Fanuel, pois disse: "Vi Deus face a face e minha vida foi poupada". O sol surgia quando ele atravessava Fanuel, mancando devido à coxa (Gn 32,26-32).

Esta história contém todas as quatro características que descrevi alhures como o arquétipo de Jó (Edinger, 1986): 1) encontro com um Ser Superior; 2) ferimento; 3) perseverança; e 4) revelação divina. Este é o encontro com a Personalidade Maior (OC 9/1, § 215ss.; § 240ss.). O que é particularmente significativo acerca da experiência de Jacó é que ela ocorre simultaneamente com o encontro com a sombra injustiçada. Devido ao medo que Jacó tinha dele, Esaú torna-se um substituto de Deus. A consciência culposa de Jacó reveste Esaú de poder divino. Quando Jacó encontra Esaú, ele diz: "Vi tua face como se tivesse visto a face de Deus" (Gn 33,10, AV). Psicologicamente, isto significa que um crime contra a sombra é igualmente um crime conta o si-mesmo, e pode ativar o si-mesmo em sua forma vindicativa.

Este motivo pode manifestar-se externa ou internamente. Externamente, se cometo um erro contra outra pessoa, terei medo de seu desejo de vingança que provém do si-mesmo ("a mim pertence a vingança e a recompensa", diz Javé em Dt 32,35). De igual modo, internamente, se eu ofendi a sombra no íntimo, trata-se de uma violação da totalidade, e pode suscitar a vingança do si-mesmo contra o eu. Deparar-se com tal reação e suportá-la sem sucumbir nem à hostilidade defensiva nem ao desespero corresponde à luta de Jacó com o anjo até que este o abençoe.

Dado que odiamos o que tememos, Jacó pode ter sido obrigado a lutar com sua raiva contra Esaú antes de poder chegar a uma atitude reconciliatória que lhe permitiria enviar a Esaú presentes propiciatórios. Ou talvez Jacó tenha sido obrigado a combater seu terror até que pudesse extrair dele a coragem necessária para encontrar-se com Esaú. Comoções intensas de todos os tipos podem provir do si-mesmo e ter consequências destrutivas a não ser que sejam mediadas por um eu cônscio. Jung escreve:

> Inicialmente ele aparece portanto sob uma forma inimiga, como entidade violenta contra a qual o herói precisa lutar. Isto corresponde à violência da dinâmica

inconsciente. Nesta o deus se revela e nesta forma ele deve ser vencido. A luta tem seu correspondente na luta de Jacó com o anjo de Javé no vau do Jaboc. *O surto de violência dos instintos é vivência divina* quando o homem não sucumbe à força deles, não os segue cegamente, mas defende com sucesso sua condição humana contra o caráter animal da força divina. É "terrível cair nas mãos do deus vivo" (OC 5, § 524).

Em outro lugar, Jung diz: "Jacó [...] lutou com o anjo, saiu com a anca deslocada, mas desse modo evitou cometer um assassínio" (Jung, 1987). O que isso significa? Penso em três possibilidades. 1) O anjo poderia ter matado Jacó se ele não tivesse resistido. Isso corresponderia ao suicídio de Jacó em decorrência da culpa e do terror. 2) Jacó, em sua ira, poderia ter assassinado Esaú. 3) Esaú, em sua vingança, poderia ter matado Jacó se este tivesse permanecido enredado no conflito de poder com ele; ou Jacó, em seu medo culpado, poderia ter-se identificado com a vítima e, por conseguinte, teria configurado sua própria execução.

Outro aspecto da experiência dolorosa de Jacó é mencionado por Jung. "Um Jacó de hoje [...], querendo ou não, tem a posse de um segredo indiscutível, e sai do círculo da coletividade" (Jung, 1987). Deparar-se com o si-mesmo é necessariamente um segredo. Tais coisas não são comunicáveis em seus pormenores particulares. O segredo que o indivíduo deve carregar cria-o como um ser único, separado do coletivo; ao mesmo tempo, porém, é um ferimento, como o de Filoctetes, que o afasta dolorosamente das outras pessoas.

De acordo com o livro apócrifo[14] da *Sabedoria,* atribuído a Salomão, foi a Sabedoria quem salvou Jacó:

---

14. "Apócrifo", segundo o cânone protestante [N.T.].

> Mas a sabedoria libertou de desgraças seus servidores.
>
> Foi ela que conduziu por veredas retas o justo que fugia da cólera de seu irmão [Jacó]; mostrou-lhe o Reino de Deus e lhe deu o conhecimento das coisas santas.
>
> [...]
>
> Protegeu-o contra os inimigos e o defendeu daqueles que lhe armavam ciladas. Decidiu a seu favor o rude combate, para ensinar-lhe que a piedade é mais poderosa do que tudo (Sb 10,9-10.12).

A palavra traduzida aqui por "piedade" aparece como "devoção religiosa" e "devoção a Deus" em outras versões. A Septuaginta usa *eusebeia*, reverência aos deuses, equivalente ao hebraico "temor do Senhor" (Sb 10,12, NAB nota). Esta passagem diz-nos que a Sabedoria estava com Jacó durante sua luta com o anjo e ele saiu vitorioso graças a uma atitude religiosa. A consequência do encontro foi a transformação de Jacó, indicada por seu novo nome, Israel.

José e seus irmãos

Ao longo da história sagrada de Israel, a nação, como um todo, tem sido a portadora da consciência de Deus. Incialmente, esta consciência era levada por indivíduos: Abraão, Isaac e Jacó. Contudo, Jacó teve doze filhos de quatro mães, e esses doze se tornaram os progenitores das doze tribos mediante as quais a tarefa religiosa foi transferida para o coletivo.

Nada obstante, a prerrogativa divina não foi distribuída de modo igual entre os doze. Ficamos sabendo que "o Senhor estava com José" (Gn 39,2), e seu pai também o distinguia por uma preferência particular e deu-lhe "uma túnica de mangas compridas", especial (Gn 37,3; "túnica de muitas cores", AV; "túnica adornada", BJ; "manto de mangas compridas", NEB). Era um traje "que chegava aos tornozelos e punhos, e usado por pessoas de distinção. A túnica comum não tinha mangas e chegava apenas aos joelhos" (Dummelow, 1975). Tal como acontece tão frequentemente, os fatores pessoais e arquetípicos que determinam o destino de alguém se sobrepõem aqui. Javé estava com José *e* ele era o favorito de seu pai. Algumas escolas de psicoterapia alegarão que o primeiro é "apenas" consequência do último. Contudo, lida-se melhor com os fatos da psique por meio da ênfase alternativa. José era o favorito de seu pai *porque* Javé estava com ele.

O manto de distinção é uma imagem importante. Corresponde à "Veste de Glória" no gnóstico *Hino da Pérola* (Edinger, 2020). É a veste do si-mesmo, e usá-la de forma descuidada ou inconscientemente significa identidade eu-si-mesmo. Por essa razão, José deve ser despojado dela. A identificação com seu *status* especial está identificada também por seus sonhos, que expressam tanto o fato de eleição quanto de sua inflação.

Em virtude de sua relação especial com o si-mesmo, José é superior a seus irmãos[15], mas a identificação do eu com essa superioridade é extremamente perigosa. Configura hostilidade no inconsciente e no *entourage*, uma hostilidade calculada para corrigir a unilateralidade do eu. Este fato psicológico está expresso nas lendas. Ali, José é descrito como portador de falsas denúncias de malfeitos contra seus irmãos:

> Acusava-os de lançar seus olhos sobre as filhas dos cananeus e de tratar com desprezo os filhos das escravas Bala

15. Moisés o chama "consagrado entre os irmãos" (Dt 33,16, BJ; "príncipe de seus irmãos", Vozes).

> e Zelfa, a quem chamavam de escravos. José teve de pagar caro por essas acusações infundadas. Ele próprio foi vendido como escravo porque havia acusado seus irmãos de ter chamado de escravos os filhos das escravas, e a esposa de Putifar lançou os olhos sobre José, porque ele despertou a suspeita sobre seus irmãos de terem lançado os olhos sobre as mulheres cananeias (Ginzberg, 1956).

José mostrou fraco discernimento ao contar seus sonhos a seus irmãos. Em parte, os sonhos devem ter compensado uma atitude consciente de inferioridade, visto que ele era o mais jovem dos doze, e uma espécie de maricas, de acordo com a lenda. O sonho dos feixes (Gn 37,7) sugere que a superioridade da colheita de José, os frutos criativos de sua vida, será reconhecida[16]. Ao sonho do sol, da lua e das estrelas (Gn 37,9) é dada uma interpretação redutiva, personalista, "adleriana" por seu pai, uma repreensão apropriada pela ingenuidade de José ao revelar o sonho.

José foi vendido como escravo para o Egito por seus irmãos, sendo este, de acordo com a lenda, o começo do cativeiro egípcio, e José, o primeiro a ser-lhe submetido (Ginzberg, 1956). Tertuliano diz que este evento é uma prefiguração de Cristo: "foi perseguido pelos irmãos e vendido para o Egito em razão do favor de Deus; tal como Cristo foi vendido por Israel (e portanto) segundo a carne, 'por seus irmãos', quando foi traído por Judas" (*The Ante-Nicene Fathers*, 1977, vol. 3). A imagem da escravidão é, ela própria, um aspecto do simbolismo

---

16. "Eis que meu feixe se levantou e ficou de pé, e vossos feixes o rodearam e se prostraram diante do meu feixe" (Gn 37,7, BJ; "Meu feixe ergueu-se em posição ereta, e vossos feixes formaram um círculo ao redor do meu feixe e curvaram-se diante dele", NAB). A imagem é a de uma mandala, com o eu no centro, uma condição psíquica muito perigosa, típica da paranoia.

da individuação. Um dos efeitos do encontro com o si-mesmo é a perda da vontade de poder do eu. Ele torna-se servo da Personalidade Maior.

A descida de José para o Egito começa do estranho e persistente tema de Israel no Egito. Para Israel, o Egito é alternadamente um lugar de segurança e de alimentação, e um lugar de escravidão. Este padrão repete-se na vida de Cristo. Tão logo acabou de nascer, o menino-Cristo buscou refúgio no Egito, para voltar mais tarde e realizar o padrão preestabelecido "do Egito chamei meu filho" (Os 11,1; Mt 2,15). O simbolismo do Egito também desempenha papel proeminente no gnosticismo:

> O *Egito* como símbolo do mundo material é muito comum no gnosticismo (e para além dele). A história bíblica da escravidão e da libertação de Israel presta-se admiravelmente à interpretação espiritual do tipo apreciado pelos gnósticos. Contudo, a história bíblica não é a única associação que torna o Egito merecedor de seu papel alegórico. Desde tempos antigos o Egito havia sido considerado o lar do culto dos mortos e, portanto, o reino da morte; esta e outras características da religião egípcia, tal como seus deuses com cabeças de animais e o grande papel da feitiçaria, despertaram nos hebreus e, mais tarde, nos persas, uma aversão particular e fizeram-nos ver no "Egito" a personificação de um princípio demoníaco. Os gnósticos, então, transformaram esta apreciação em seu uso do Egito como símbolo para "este mundo", ou seja, o mundo da matéria, da ignorância e da religião perversa: "todos os ignorantes (ou seja, os que carecem da gnose) são 'egípcios'", afirma um ditado de uma seita gnóstica do século II, os peratas, citado por Hipólito (V.16.5). [...] Geralmente, os símbolos de mundo podem servir também como símbolos do corpo e vice-versa. [...]

> A respeito de "Egito", os peratas, para os quais o Egito é, fora isso, "o mundo", diziam também que "o corpo é um pequeno Egito" (Hip. V.16.5; semelhantemente, os naassenos, *ibid.*, 7.41) (Jonas, 1958).

Como "corpo" ou "mundo", descer ao Egito significa encarnação ou *coagulatio* (Edinger, 1985), um passo necessário na *realização* da psique. Em uma fase inicial do desenvolvimento, o Egito serve como mãe nutridora e protetora. Mais tarde, ela torna-se escravidão e tirania das quais se deve escapar.

O encontro de José em Gn 39 com a esposa de Putifar (chamada Zuleica na lenda) é particularmente relevante para o simbolismo do Egito. Zuleica corresponde ao Egito, e sua tentativa de seduzir José corresponde ao envolvimento necessário e perigoso da alma com a matéria. Este é um tema arquetípico e, conseguintemente, tem paralelos em outros contextos mitológicos. Um conto popular egípcio, *A história de dois irmãos* (cerca de 1225 a.C.), descreve uma circunstância semelhante na qual um consciencioso irmão mais jovem é falsamente acusado de uma proposta de adultério pela esposa de seu irmão mais velho para quem o irmão mais novo trabalhava. Esta história termina com o irmão mais novo castrando-se e o irmão mais velho matando a esposa (Pritchard, 1958). Este padrão aparece novamente no mito grego de Hipólito e Fedra, no qual Hipólito é morto pelo touro do mar.

Psicologicamente, estes mitos retratam o jovem eu ingênuo e inocente sendo seduzido pela mulher, pelo mundo e pela matéria, para relacionar-se com ela como macho plenamente adulto, não um subordinado. É um momento de grande perigo no qual a criminalidade e o heroísmo, a sabedoria e a covardia estão inextricavelmente entretecidos. Sucumbir à sedução pode levar à morte ou à maturidade. Fugir virtuosamente ao perigoso convite pode também conduzir à morte (Hipólito) ou a uma interrupção do desenvolvimento (*A história de dois irmãos*) ou à realização de um dos mais elevados potenciais do indivíduo (José).

José tinha uma relação especial com o inconsciente, conforme indicado por sua capacidade de interpretar sonhos. A natureza dos sonhos que ele foi instado a compreender é também informativa. Enquanto estava na prisão, foi presenteado com os sonhos do copeiro régio e o padeiro régio. Um pressagiava perdão, o outro execução, ou seja, os opostos. Novamente, com os sonhos do faraó, sete vacas gordas e sete vacas magras, sete espigas cheias e sete espigas chochas, festa e fome: ele é confrontado com o problema dos opostos. Para alcançar uma relação consciente com o si-mesmo, o indivíduo é obrigado a integrar os opostos. Visto que "Javé está com José", ele deve suportar os opostos ativados. "A natureza paradoxal de Deus divide o homem em seus contrários e o deixa entregue a um conflito aparentemente sem solução" (OC 11/4, § 738). Na medida em que os contrários são reconciliados, a autoridade interior do si-mesmo assume o controle da vida do indivíduo. A conquista dessa autoridade interior é indicada pelo fato de que José se torna o administrador do faraó.

Jacó teve doze filhos, e estes doze, com leves rearranjos, tornaram-se os ancestrais das doze tribos de Israel. Resumidamente, sob o reinado de Davi e Salomão, as doze tribos constituíam um reino unido. Depois da morte de Salomão, dez tribos separaram-se do reino unificado e estabeleceram-se como o reino de Israel, no Norte. As tribos remanescentes de Judá e Benjamim formaram o reino de Judá, no Sul. Desse modo, o número 12 reduz-se a dois. Subsequentemente à conquista do Reino do Norte pelos assírios, em 721 a.C., as dez tribos setentrionais foram amplamente dispersas por outras regiões. Finalmente, perderam a própria identidade e ficaram conhecidas como as Dez Tribos Perdidas de Israel.

Esta sequência de acontecimentos é importante psicologicamente. A sagrada história dos judeus é uma expressão do simbolismo de individuação e suas vicissitudes são expressão de acontecimentos análogos no desenvolvimento psíquico do indivíduo. A história de Israel, do pai Abraão ao reino unificado de Judá, pode ser esquematizada da seguinte maneira:

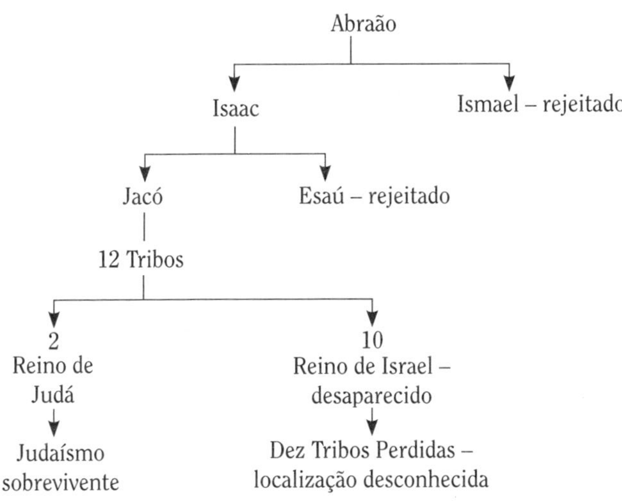

O si-mesmo é definido como o centro e a totalidade da psique. O simbolismo da individuação é simbolismo da totalidade, e a história bíblica dos judeus certamente é expressão dela. Mesmo assim, conforme mostra o gráfico, muita coisa foi deixada de fora.

5 Moisés e Javé: o Êxodo

O encontro entre Moisés e Javé é um dos mais admiráveis dramas da individuação da psique ocidental. Moisés, como agente mediador entre Javé e Israel, realiza a redenção de seu povo da escravidão egípcia e conduz a nação ao cumprimento de seu destino.

Com o auxílio da psicologia do profundo, esta história sagrada pertencente à história coletiva dos judeus pode agora ser compreendida como aplicável à experiência individual. A história começa em Ex 1:

> Surgiu um novo rei no Egito, que não tinha conhecido José, e disse a seu povo: "Olhai como a população israelita está se tornando mais numerosa e mais forte do que nós. Vamos tomar precauções para impedir que continuem crescendo e, em caso de guerra, unam-se também eles aos nossos inimigos, lutem contra nós e acabem saindo do país".
>
> Estabeleceram, assim, feitores para que os oprimissem com trabalhos forçados na construção das cidades de depósito do faraó: Pitom e Ramsés. Mas quanto mais os oprimiam, tanto mais cresciam e se multiplicavam, de modo que ficaram obcecados de medo dos israelitas.

> Os egípcios reduziram os israelitas a uma dura escravidão. Amarguraram-lhes a vida no pesado trabalho do preparo do barro e de tijolos, com toda sorte de serviços no campo, enfim, todos os trabalhos que eram forçados a fazer (v. 8-14).

Isto descreve o estado psicológico do indivíduo que está prestes a ser atingido pelo imperativo da individuação. O Egito sob o faraó representa determinado estádio do desenvolvimento psicológico no qual o eu, em identificação com a função superior, é centrado no princípio do poder e do controle voluntarioso. Os israelitas significam os "outros", um ponto de vista novo e diferente que está emergindo do inconsciente e exigindo atenção. Este novo fato, aliado à função inferior, está a multiplicar-se de um modo que ameaça o *status quo*. Por conseguinte, instituem-se medidas repressivas; todas as crianças hebreias do sexo masculino devem ser mortas. Este ato de repressão contra o conteúdo emergente do inconsciente provoca a reação do inconsciente ao nascimento do herói.

O herói é uma figura situada a meio-caminho entre o eu e o si-mesmo. Pode, talvez, ser definida da melhor forma possível como a personificação do desejo de individuação. A história do nascimento de Moisés segue de perto o padrão característico do mito do nascimento do herói (Rank, 1959; OC 5, § 493ss.). As características principais deste mito são: 1) o nascimento ocorre sob circunstâncias adversas; 2) as autoridades buscam matá-lo; 3) a criança é exposta ou abandonada, frequentemente na água; 4) é resgatada, normalmente por pessoas humildes e acompanhada por coisas maravilhosas; 5) há uma dupla série de pais, os régios e os humildes. Tais características aplicam-se todas ao mito do nascimento de Moisés e referem-se psicologicamente às vicissitudes ao redor do nascimento do desejo de individuação. A autoridade estabelecida (interior e exterior) é sempre contrária. O indivíduo fica, portanto, exposto à experiência de exílio ou de distanciamento, e recebe a ajuda somente dos aspectos "humildes" da psique, que estão abertos à dimensão transpessoal (cf. Ovídio, *Metamorfoses*, 8, 610-715).

As fontes canônicas nada dizem a respeito da juventude e da educação de Moisés. Esta lacuna é preenchida por lendas, uma das quais é particularmente pertinente. Conforme Fílon, Moisés excedeu rapidamente o conhecimento de seus professores, "adiantando-se a todas as lições pelos excelentes dons naturais de seu próprio gênio, de tal modo que tudo, em seu caso, parecia ser mais uma recordação do que um aprendizado" (Fílon, 1971). Isto ecoa a famosa ideia de Platão conforme expressa em *Fédon*:

> Por outro lado se, como julgo, perdemos ao nascer o que antes tínhamos adquirido, e mais tarde recuperamos, com o auxílio dos sentidos, o conhecimento das tais realidades em cuja posse nos encontrávamos outrora, então isso que chamamos aprender não consistirá, a rigor, em recuperar um conhecimento que nos é próprio? E se definirmos tal processo como reminiscência, não estaremos a dar-lhe o nome exato? (75e).

Esta doutrina é uma prelibação intuitiva, filosófica daquilo que hoje conhecemos como sendo o inconsciente coletivo ou a psique objetiva. Aplicado a Moisés, o processo de aprendizagem por recordação significa que a individuação envolve a descoberta da sabedoria e do padrão de ser inatos do indivíduo.

A Bíblia retoma a história de Moisés já na adultidade (aos 40 anos, de acordo com At 7,23), quando ele mata um feitor de escravos egípcio. Posto que educado egípcio como realeza egípcia, Moisés pertence à raça escravizada dos hebreus, e sua fidelidade manifesta-se neste ato impulsivo. Trata-se de uma expressão primitiva, sem mediação, da energia da individuação, a manifestação inicial de seu "chamado". O assassínio conduz Moisés a seu êxodo pessoal, à sua fuga para o deserto onde encontrará Javé. Poderia se dizer que a ira assassina que tomou conta de Moisés à vista da crueldade do feitor de escravos era a ira de Javé que se apoderou de Moisés e agiu por meio dele. Foi Javé quem matou o egípcio e, ao mesmo tempo, produziu as circunstâncias que levaram ao encontro posterior de Moisés consigo[17].

Os que estão destinados à individuação a miúdo têm o problema de intensas erupções de energia na juventude. Isso foi verdadeiro para Jung (1977). O si-mesmo constelado não suportará escravidão ou constrição. Em última instância, recorrerá ao crime. De fato, a verdadeira criminalidade pode ser considerada como uma individuação pervertida. Este aspecto de Moisés é reconhecido na lenda, que afirma que ele era de "uma disposição originalmente perversa, [...] cobiçoso, arrogante, sensual; em resumo, desfigurado por todos os traços feios imagináveis" (Ginzberg, 1956), foi mediante vontade forte, caráter e severa disciplina que ele transformou sua tendência no oposto dela.

Após viver muitos anos no exílio, Moisés encontra Javé:

> Moisés era pastor das ovelhas de Jetro, seu sogro, sacerdote de Madiã. Levou um dia as ovelhas deserto adentro e chegou ao monte de Deus, o Horeb. Apareceu-lhe o anjo do Senhor numa chama de fogo no meio de uma sarça. Moisés notou que a sarça ardia, mas não se consumia, e

17. De acordo com a lenda, Moisés matou o feitor de escravos egípcio pronunciando o Sagrado Nome (Ginzberg, 1956).

pensou: "Vou aproximar-me para ver este maravilhoso fenômeno: como é que a sarça não para de queimar". O Senhor viu que Moisés se aproximava para observar e Deus o chamou do meio da sarça: "Moisés! Moisés!" Ele respondeu: "Aqui estou!" Deus lhe disse: "Não te aproximes daqui! Tira as sandálias dos pés, pois o lugar onde estás é chão sagrado". E acrescentou: "Eu sou o Deus de teu pai, o Deus de Abraão, o Deus de Isaac, o Deus de Jacó". Moisés cobriu o rosto, pois temia olhar para Deus.

O Senhor lhe disse: "Eu vi a opressão de meu povo no Egito, ouvi os gritos de aflição diante dos opressores e tomei conhecimento de seus sofrimentos. Desci para libertá-los das mãos dos egípcios e fazê-los sair desse país para uma terra boa e espaçosa, uma terra onde corre leite e mel, para a região dos cananeus e dos hititas, dos amorreus e dos ferezeus, dos heveus e dos jebuseus. O clamor dos israelitas chegou até mim. Eu vi a opressão que os egípcios fazem pesar sobre eles. E agora vai, que eu te envio ao faraó para que libertes meu povo, os israelitas, do Egito".

Moisés disse a Deus: "Quem sou eu para ir ao faraó e libertar os israelitas do Egito?" Deus lhe disse: "Eu estou contigo; e este será para ti o sinal de que eu te envio: quando tiveres libertado o povo do Egito, servireis a Deus sobre esta montanha".

Moisés disse a Deus: "Mas, se eu for aos israelitas e lhes disser: 'O Deus de vossos pais enviou-me a vós', e eles me perguntarem: 'Qual é o seu nome?', o que devo responder?" Deus disse a Moisés: "Eu sou aquele que sou. Assim responderás aos israelitas: 'Eu sou' envia-me a vós".

Deus disse ainda a Moisés: "Assim dirás aos israelitas: O Senhor, o Deus de vossos pais, o Deus de Abraão, Deus de Isaac e Deus de Jacó envia-me a vós. Este é o meu nome para sempre, e assim serei lembrado de geração em geração" (Ex 3,1-15).

Esta é uma imagem clássica de um encontro com o si-mesmo. Uma ou mais de suas características frequentemente surgem em sonhos. O fogo é sinônimo frequente do divino. Pertence à *calcinatio* (Edinger, 1985) e ao simbolismo alquímico do *sulphur* [enxofre] (OC 14/1, § 134ss.); significa afetos e ânsia, intensas manifestações da libido que não estão integradas no eu e, por consequência, tem qualidade transpessoal. Em conformidade com *O Evangelho de Tomé*, Jesus disse: "Quem está perto de mim está perto do fogo" (Nag Hammadi, 1977). A natureza não consumidora do fogo enfatiza sua natureza transpessoal. É desejo que não se extingue por satisfações pessoais, o desejo a que Jung se refere como "um padecer fome do infinito" (OC 14/1, § 186). A libido é reconhecida como transpessoal quando o eu logra desidentificar-se dela. Então, o que se deseja já não é percebido como *meu* prazer, *meu* poder, *minha* ambição, mas antes, uma tarefa imposta pelo si-mesmo. Uma tarefa é o que Javé impõe a Moisés. Considerando-se o simbolismo do fogo, de onde provém a missão, a tarefa de Moisés é *seguir sua libido*. A realização desta libido, concebida transpessoalmente, é sua missão sagrada de realização do si-mesmo.

De acordo com a lenda, o encontro de Moisés com Javé na sarça ardente foi precedido por um sonho no qual Metraton, o anjo da face ou da presença divina (Davidson, 1971), conduziu-o em um passeio pelas glórias dos sete céus e dos horrores do *Gehinnom* (Gaer, 1966). Céu e terra são dois aspectos da libido transpessoal. "Energia é deleite eterno" (Blake, 1970, Placa 4), mas também "Deus tem dois aspectos terríveis: de um lado, um mar de graça que se choca com o lago de fogo ardente" (OC 11/4, § 733).

Uma característica importante da teofania é a revelação do nome divino. "YHWH" verossimilmente deriva de uma forma arcaica do verbo "ser" (Ex 3,13, BJ nota d). Significa, portanto, "Eu sou quem sou" ou "Sou Aquele que é". Empiricamente, a característica mais importante do si-mesmo, que desafia uma definição exata, é que Ele *existe*. Tem realidade concreta. Conforme o expressa Jung, "Deus é um ser real por excelência" (OC 11/4, § 631).

YHWH, o assim chamado tetragrama, *yod he waw he*, é, significativamente, uma quaternidade. É também uma tríade, visto que uma de suas letras é duplicada (OC 14/2, § 267). Uma combinação semelhante de três e quatro se dá no emblema sagrado associado à crucifixão de Cristo na arte eclesiástica. Afixado à cruz está um aviso com as letras INRI (*Iesus Nazarenus Rex Iudaeorum*)[18].

Javé começa a mostrar a Moisés os sinais de sua escolha. Moisés lança sua vara ao chão e ela transforma-se em uma cobra; ele apanha-a e a serpente volta a ser bastão. Ele meteu a mão no peito; ao retirá-la estava coberta de lepra. Ele volta a metê-la no peito, e a lepra estava curada (Ex 4,2-7). De acordo com a lenda, estes sinais seguiram-se à teimosa recusa de Moisés em aceitar sua missão, e representam ameaças a Moisés de que, se ele não fosse obediente, se tornaria uma serpente ou um leproso (Ginzberg, 1956). Esta ideia tem um paralelo

18. Um tetragrama moderno foi sonhado por um homem com educação seminarística. Consistia nas letras IMZE. A primeira associação do sonhador foi à revelação do nome divino em Ex 3,14: "Eu sou quem sou". Ele também observou que, lido da esquerda para a direita, como em hebraico (*sic!*), EZMI é reminiscência do dito de Cristo em Mt 11,30: "Meu jugo é suave e meu peso leve". [*He also observed that, read from left to right as in Hebrew, EZMI is...*" – na verdade o hebraico é escrito e lido da direita para a esquerda (N.T.)].

psicológico muito importante. Uma vez o si-mesmo tendo sido constelado, se seu imperativo for recusado pelo eu, ele pode tornar-se perigosamente negativo, provocando, talvez, um acidente ou uma doença. Por exemplo, uma mulher de meia-idade, que estava irremediavelmente doente, com câncer, sonhou que possuía algo valioso, desejado "pelos Poderes". Eles pediram-lhe que ela o largasse, mas ela recusou-se. Eles, então, lançaram-lhe uma serpente às costas. A serpente aqui representa o chamado à individuação. Caso não seja aceita, pode atacar por trás. Neste caso, a serpente às costas pode ser compreendida como o câncer fatal da mulher[19].

A mesma ideia está expressa na misteriosa passagem de Ex 4,24. Javé havia ordenado a Moisés que seguisse para o Egito. "Durante a viagem, num lugar de pousada, o Senhor encontrou-se com Moisés e queria matá-lo". Esta passagem, um enigma perpétuo para os comentadores, pode ser agora compreendida como uma ilustração da natureza perigosamente ambígua do si-mesmo ativado. A relativização do eu envolve o sacrifício do eu, o qual é acompanhado por intensa ansiedade. Conforme diz Jung:

> O medo da autoimolação está à espreita, por trás e dentro de cada um, pois o temor é a encarnação das forças inconscientes que só com muita dificuldade conseguimos impedir que produzam todas as suas consequências. Nenhum caso de autodesenvolvimento (individuação) escapou a esta travessia perigosa (OC 11/5, § 849).

A missão de Moisés é convencer o faraó a libertar os israelitas escravizados e tirá-los do Egito para introduzi-los na Terra Prometida. Psicologicamente, isto significa que a psique está

19. Sou grato a Philip Zabriskie por este sonho.

escravizada ao princípio do poder tirânico simbolizado pelo faraó. Uma autoridade inferior (o eu movido pelo poder) está agindo em lugar do si-mesmo (Javé). Uma vez estando ativado o si-mesmo, a individuação deve continuar. Se o eu não cooperar, será atingido por crescentes distúrbios. Assim é que se sucedem as pragas do Egito.

1. *As águas do Egito se transformam em sangue*. Tal imagem sugere o eclodir de emoções violentas. Em uma das últimas pragas do Apocalipse, o mar é transformado em sangue (Ap 16,3). Na alquimia, o sangue é sinônimo da *prima materia* (OC 12, § 425s.). Às vésperas da Primeira Guerra Mundial, Jung teve visões de um mar de sangue engolfando a Europa (Jung, 1987). Novamente, quando ele começou seu confronto deliberado com o inconsciente, em sua fantasia o sangue jorrava de um buraco na terra (Jung, 1987). São indícios de uma ativação perigosa do inconsciente, ameaçando uma hemorragia da essência fundamental da vida.

2. *A praga das rãs*. Em seu aspecto negativo, rãs representam o "nível pantanoso" primordial da psique primitiva, pegajoso, conteúdos de sangue-frio que invadem a consciência. No Livro do Apocalipse, rãs significam espíritos impuros a "sair da boca do dragão, da boca da besta e da boca do falso profeta" (Ap 16,13).

3. e 4. *A praga dos mosquitos e a praga das moscas-varejeiras*. Estas imagens representam o inconsciente ativado a provocar um estado de agitação impaciente e inquieto, com múltiplas mordidas e picadas aleatórias.

5. *Morte de todo o gado egípcio*. A morte de um animal de grande porte (cavalo ou vaca) em um sonho é assunto de grande preocupação. Significa que o fundamento instintual mais

importante do indivíduo se perdeu e pode pressagiar doença física ou até mesmo a morte.

6. *A praga dos tumores*. Em sonhos, tumores significam complexos inconscientes exasperados que exigem drenagem (ab-reação).

7. *A praga de granizo*. Sonhos com gelo referem-se ao estado congelado da vida sentimental na qual impulsos cálidos e vivos estão congelados por motivo do poder. No imaginário de Dante, Lúcifer reside nas profundezas do inferno, incrustado no gelo (*Divina comédia*, canto 34).

8. *A praga dos gafanhotos*. Invasão por insetos é a imagem de quem está sendo inundado por uma multiplicidade de unidades elementares. Indica uma fragmentação da psique em um nível elementar, e muitas vezes significa uma desordem tóxica do sistema nervoso autônomo, como, por exemplo, no *delirium tremens*. É uma imagem nefasta em sonhos.

9. *A praga da escuridão*. Agora a luz da consciência está completamente eclipsada. Isso corresponderia a sonhos de cegueira.

10. *A morte dos primogênitos egípcios*. "Era meia-noite quando o Senhor feriu todos os primogênitos no Egito, desde o primogênito do faraó, herdeiro de seu trono, até o primogênito do prisioneiro no cárcere, e todos os primogênitos dos animais" (Ex 12,29).

Os israelitas são poupados mediante o sacrifício do cordeiro pascal, "sem defeito", cujo sangue é passado nas molduras das portas e dintéis de cada habitação hebraica. Se este rito for realizado, Javé promete: "Mas o sangue servirá de sinal nas casas onde estiverdes. Ao ver o sangue, passarei por vós, e não vos atingirá a praga exterminadora quando eu ferir o Egito" (Ex 12,13).

Os acontecimentos da noite de Páscoa apresentam a impressionante imagem de um encontro com o si-mesmo ativado. Javé anda à espreita pelas ruas, à meia-noite, chacinando todo primogênito que encontra, enquanto os judeus se comprimem em suas casas na esperança de que seus ritos apotropaicos haverão de poupá-los. Javé precisa ter seu sacrifício sangrento. Os que conhecem Javé (os israelitas) podem deliberadamente oferecer-lhe um cordeiro e, por esse meio, podem ser poupados de um preço maior. Os egípcios, que não conhecem Javé, não dispõem de meios para mitigar sua exigência. O peso total do imperativo divino recai sobre eles. O simbolismo pascal repete-se em novo contexto com a morte de Cristo. Ele assume sobre si mesmo o destino dos primogênitos egípcios e do cordeiro pascal. Assim como o filho primogênito do faraó deve ser sacrificado para que se alcance a libertação dos israelitas da escravidão, igualmente Cristo, o primogênito de Javé, deve ser oferecido como outro cordeiro pascal como sacrifício cruento pela salvação espiritual do ser humano. Conforme ressalta Jung, o sangue de Cristo se torna outro amuleto apotropaico:

> Jesus tornou-se assim a imagem protetora contra todos os poderes arquetípicos que ameaçavam apoderar-se das pessoas. A boa-nova anunciava: "Já aconteceu, e já não vos acontecerá mais se acreditardes em Jesus, o filho de Deus!" No entanto, isto podia e pode acontecer a qualquer um que sofre a desagregação da dominante cristã (OC 12, § 41).

A ideia subjacente é que o primogênito pertence a Javé. "Consagra-me todo primogênito: todo o primeiro parto entre os israelitas, tanto de homens como de animais, será meu" (Ex 13,2). Esta noção não está confinada ao antigo Israel. Frazer

(1923) documenta muitos outros exemplos, tal a evidência de que é arquetípica.

O que significa ela? Crianças primogênitas carregam, de fato, uma marca de singularidade em sua própria mente, nas mentes de seus pais e até mesmo na opinião da sociedade (confira-se a lei da primogenitura). Este senso de singularidade pode ser aumentado pela projeção parental do si-mesmo como criança divina sobre o primogênito. Interpretado subjetivamente, o primo-gênito [*first-born*] refere-se ao eu em seu estado de uni-gênito [*once-born*], ou seja, inconscientemente identificado com o si-mesmo. Com o sacrifício do eu primogênito, que é exigido para o nascimento do si-mesmo na consciência, realiza-se a condição de nascido em segundo lugar [*second-born*].

O êxodo começa com o milagre da travessia do Mar Vermelho (Ex 14), um rito de saída que acontece no limiar entre a escravidão egípcia e a teofania no deserto. É uma transição para um novo nível de consciência, uma imagem da *solutio* que discuto em outro lugar (Edinger, 1985). O que se segue são quarenta anos de andança pelo deserto antes de se alcançar a Terra Prometida. Isto corresponde à prolongada lida com o inconsciente, com o caos ou *prima materia*, que se exige seguindo-se um compromisso irrevogável com a individuação. Quarenta dias ou anos é a duração do *opus alquímico* (OC 14/1, § 76, nota 206), e quarenta dias é o tempo tradicionalmente exigido para o processo de embalsamento egípcio (Gn 50,3), isto é, a transição entre a existência (eu) pessoal, temporal, e a vida eterna, arquetípica (o si-mesmo). Dessa maneira, os quarenta anos de peregrinação pelo deserto significam uma *nekya* ou jornada noturna da existência escrava-do-eu do Egito para a vida transpessoal da Terra Prometida.

O relato da peregrinação pelo deserto fornece-nos toda uma série de profundas imagens simbólicas, concernentes ao processo de individuação. Imediatamente após a partida, aparecem as instâncias da orientação divina. "O Senhor os precedia, de dia, numa coluna de nuvens, para lhes mostrar o caminho; de noite, numa coluna de fogo para iluminar, a fim de que pudessem andar de dia e de noite" (Ex 13,21). Esta imagem é reminiscência de uma passagem no *I Ching*:

> Somente o forte pode enfrentar corajosamente seu destino, pois sua segurança interior capacita-o para suportar até o fim. Esta força mostra-se na intransigente honestidade (consigo mesmo). Somente quando temos a coragem de enfrentar as coisas exatamente como são, sem nenhum tipo de autoengano ou ilusão, é que *dos acontecimentos se desenvolverá uma luz*, pela qual o caminho para o sucesso pode ser reconhecido (*I Ching*, 1967, sublinhados meus).

A luz que se desenvolve dos acontecimentos (seja interiores, seja exteriores) só é visível quando o eu se encontra em um estado de vacuidade, ou seja, no deserto. Através da janela de uma casa brilhantemente iluminada à noite não se pode ver as estrelas. Apague-se a luz, e elas aparecem à vista. Conforme diz Eckhart:

> Ao conservar-te vazio e desnudo [...] entregando-te a essa escuridão e ignorância, sem voltares atrás, podes muito bem alcançar o que são todas as coisas [...]. A respeito desse vazio, está escrito em Oseias (2,16): "Por isso, eu mesmo a seduzirei, conduzirei ao deserto e lhe falarei ao coração". A autêntica palavra de eternidade é pronunciada somente na eternidade, onde o ser humano é um deserto e alheio a si mesmo e à multiplicidade (Eckhart, 1956, vol. 1).

De fato, Eckhart diz que Deus *deve* preencher qualquer vazio que encontra.

> Deus é obrigado a agir, a despejar-se (em ti) tão logo, em algum momento, Ele encontrar-te disposto [...] encontrando-te disposto, Ele é obrigado a transbordar-se em ti; assim como o sol deve irromper quando o ar está claro e límpido, e não é capaz de conter-se (Eckhart, 1956, vol. 1).

Estas passagens descrevem a maneira pela qual o eu descobre a orientação do si-mesmo. O eu deve estar em um humilhado estado de escuridão e de necessidade antes de poder perceber a tênue luz da psique transpessoal. O Cardeal Newman descreve esta experiência em seu poema "Conduze-me, luz gentil":

> Conduze-me, luz gentil, em meio à escuridão que me rodeia,
> Sê tu a conduzir-me!
> A noite é escura, e estou longe do lar,
> Sê tu a conduzir-me!
> Firma meus passos; não peço para ver
> o panorama longínquo; basta-me um passo.
> Nem sempre fui assim, nem jamais rezei pedindo
> que me conduzisses.
> Gostava de escolher e de ver meu caminho; agora, porém,
> sê tu a conduzir-me!
> Eu amava o dia garrido e, apesar dos medos,
> o orgulho guiava minha vontade: não recordes os anos passados.
> Durante tanto tempo teu poder me tem abençoado, certamente ele ainda me conduzirá!
> Por cima de charco e pântano, para além de penhasco e torrente, até que a noite se dissipe;
> E ao amanhecer, sorriam aquelas faces angelicais
> que desde muito tenho amado, e perdi por algum tempo
> (Briggs, 1944).

Uma das fontes mais importantes da "luz gentil" são os sonhos do indivíduo, e um forte incentivo a estudar os próprios sonhos é encontrar-se em aflição, às voltas com um problema doloroso. Assim, a luz orientadora manifesta-se no deserto.

A primeira parada no deserto foi em Mara (que significa amargo), onde a água era demasiado acerba para beber, e o povo lamentou (Ex 15,23-24). A amargura é comumente encontrada na psicoterapia. Um indicador infalível de um complexo infantil inconsciente é a presença de amargura e ressentimento. De acordo com a gnose simoniana, a amargura do Êxodo é uma característica da existência carnal que é transformada pelo Logos.

> O título do segundo livro de Moisés é Êxodo. Todos os que nasceram devem atravessar o Mar Vermelho; com Mar Vermelho ele quer dizer sangue e chegar ao deserto, onde devem beber água amarga, pois amarga é a água além do Mar Vermelho, e isto indica nossa vida de trabalho duro e de amargura. Contudo, transformada por Moisés, ou seja, pelo Logos, esta amargura se torna doçura (Hipólito, como citado em Rahner, 1963).

Na alquimia, a amargura é um aspecto da *prima materia*. Riplaeus diz: "Toda coisa em sua primeira matéria é corrompida e amarga" (cf. OC 14/1, § 239). A amargura pertence ao simbolismo do sal. Jung escreve:

> A par da umidade lunar e da qualidade terrestre do sal, destacam-se mais as propriedades de *amaritudo* e *sapientia* [...] por mais incomensuráveis que esses dois conceitos possam ser, têm eles algo em comum, que em psicologia é a função do *sentimento*. Lágrimas, sofrimento e decepção são amargos, mas a sabedoria é que consola em qualquer dor da alma; na verdade, amargor e sabedoria formam uma alternativa: Onde houver amar-

> gor, falta a sabedoria, e onde houver sabedoria não pode existir amargor. O sal, portanto, é atribuído à natureza feminina por ser ele o portador dessa alternativa marcada pelo destino (OC 14/1, § 324).

Parece apropriado, portanto, que a caminhada para a Terra Prometida, que é psicologicamente equivalente à Pedra Filosofal dos alquimistas, devesse começar com amargura. Sem dúvida, havia mais amargura da parte dos israelitas ao longo de toda o seu vagar por causa da perda de seus confortos egípcios.

À medida que prosseguiam seu caminho, um suprimento diário de comida era providenciado por Javé: carne à noite e pão pela manhã, mas somente o suficiente para um dia. Se fosse conservado para o dia seguinte, "bichava e apodrecia" (Ex 16,20). Sob a condição da guia divina, como parte do peregrinar do indivíduo pelo deserto, exige-se viver apenas no presente imediato, um dia de cada vez. Cristo expressa ideia semelhante: "Por isso não vos preocupeis, dizendo: 'O que vamos comer? O que vamos beber? Com que nos vamos vestir? [...] Ora, vosso Pai celeste sabe que necessitais de tudo isso" (Mt 6,31-32). Jung expressa-o psicologicamente:

> A grande ocasião é aqui e agora, este é o momento eterno; e se você não o compreendeu, perdeu a melhor parte da vida, deixou escapar a compreensão de que um dia você foi o portador de uma vida contida entre os polos de um futuro inimaginável e de um passado remoto inimaginável. Milhões de anos e incalculáveis ancestrais trabalharam até este momento, e você é a realização deste momento. Qualquer coisa passada já não é realidade; qualquer coisa futura ainda não é realidade; realidade é agora. Considerar a vida como mera preparação para coisas vindouras é

como se você não pudesse apreciar sua refeição enquanto está quente.

Esta é deveras a doença de nosso tempo: todos estamos preocupados principalmente com o futuro; admitimos que agora as coisas estão muito ruins, por isso tentamos ainda mais safar-nos delas e, assim, elas jamais melhoram. Deveríamos encarar cada momento como o momento eterno, como se nada jamais fosse mudar, não prelibando um futuro distante. Com efeito, o futuro sempre brota daquilo que é, e não pode ser saudável se medra de um solo infeccionado; se formos mórbidos e não sentirmos este aqui e agora, então naturalmente construiremos um futuro doentio. Temos visto isso nas condições históricas atuais; as coisas estão de tal maneira ruins no presente porque todos viveram na expectativa de algo por vir, sempre se esteve na expectativa da idade do ouro; desse modo, as coisas foram piorando cada vez mais. Por conseguinte, em psicologia, na vida do indivíduo, é da maior importância que jamais pensemos nisso como simplesmente agora, com a esperança de algo que virá no futuro. Pode ter certeza de que jamais acontecerá se você pensar dessa maneira. Você deve viver a vida nesse espírito de realizar, a cada momento, a melhor das possibilidades (1930-1934, vol. 6).

6 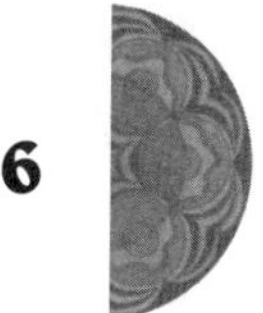 Teofania no deserto

A culminância da experiência do deserto é a revelação divina no Monte Sinai na qual Javé estabelece sua aliança com Israel e determina o procedimento detalhado para adorá-lo (Ex 19; Lv 27). "Agora, se realmente ouvirdes minha voz e guardardes a minha aliança, sereis minha propriedade particular dentre todos os povos. De fato é minha toda a terra, mas vós sereis para mim um reino de sacerdotes e uma nação santa" (Ex 19,5).

Do ponto de vista psicológico, é característico que o desejo e a revelação estejam conectados. Jung escreve:

> Cada um, pois, que se apoderar ainda que apenas de uma parte do inconsciente pela conscientização, sai um tanto fora de sua época e de sua camada social em direção ao ermo. [...] Mas é apenas aí que existe a possibilidade de encontrar o "Deus da salvação". Na escuridão é que a luz se manifesta, e no perigo aquilo que salva. Em um sermão sobre Lc 19,12 diz Mestre Eckhart: "Quem porventura será mais nobre do que aquele que pela metade foi gerado por aquilo que de mais alto e melhor oferece o mundo, e pela outra metade foi gerado pelo íntimo mais profundo

> da natureza divina e da solidão divina? É assim que fala o Senhor pelo Profeta Oseias: 'quero levar as almas nobres a um ermo e lá falar ao coração delas!' Um com o Uno, um por parte do Uno, e também um no Uno, eternamente!" (OC 14/1, § 252).

Foi ordenado no Sinai que o centro da adoração a Javé seria o tabernáculo ou tenda do encontro (onde Javé encontrava o ser humano) contendo a sagrada arca da aliança, o próprio trono de Javé. Devia ser construída segundo as rígidas especificações de Javé:

> Farás uma arca de madeira de acácia, com cento e vinte e cinco centímetros de comprimento, por setenta e cinco de largura e setenta e cinco de altura. Revestirás a arca de ouro puro, por dentro e por fora. Em volta porás uma moldura de ouro. Fundirás quatro argolas de ouro e as porás nos quatro pés: duas de um lado e duas de outro. Farás varais de madeira de acácia e os revestirás de ouro. Introduzirás os varais nas argolas dos lados da arca, para carregar a arca. Os varais ficarão sempre nas argolas e não serão tirados.
>
> Na arca porás o documento da aliança que te darei. Farás também um propiciatório de ouro puro, de cento e vinte e cinco centímetros de comprimento e setenta e cinco de largura. Farás dois querubins de ouro polido nas duas extremidades do propiciatório: um de um lado e outro do outro lado, de modo que os querubins estejam nos dois extremos do propiciatório. Os querubins, com as asas estendidas por cima, estarão encobrindo o propiciatório, um em frente ao outro, voltados para o propiciatório. Porás o propiciatório sobre a arca, e dentro da arca o documento da aliança que te darei. Ali me encontrarei contigo, e de cima do propiciatório, do meio dos dois querubins colocados sobre a arca da

> aliança, eu te comunicarei tudo o que deves ordenar aos israelitas (Ex 25,10-22).

A arca da aliança tem uma série de características interessantes. As quatro argolas de ouro, e o formato dela, que lhe possibilita ser carregada por quatro homens, ligam-na ao simbolismo da quaternidade. É carregada por quatro, tal como a carruagem divina na visão de Ezequiel (Ez 1) é sustentada por quatro, tal como o trono de Cristo é suportado pelos pilares dos quatro evangelistas nas representações medievais. Os dois querubins, como espíritos guardiães do limiar, expressam o fato psicológico de que o *numinosum* se manifesta entre os opostos.

Talvez o mais interessante seja a proporção numérica das dimensões da arca. Tem um côvado e meio de largura, e dois cúbitos e meios de comprimento, na proporção de 3 x 5. Isto é notavelmente próximo da Seção de Ouro dos gregos, que é feita dividindo-se ao meio uma linha de tal forma que a parte menor esteja para a parte maior como a parte maior está para o todo. Se uma linha de comprimento c for dividida em uma parte mais curta a e em uma parte mais longa b, a proporção será $a / b = b / c$; b é a assim chamada Média Áurea. Aplicando-se esta fórmula às proporções da arca da aliança, onde $a = 3$, $b = 5$, $c = 8$ (3 + 5), então

$$a / b = \frac{3}{5} = .6$$

$$b / c = \frac{5}{8} = .625$$

As dimensões da arca da aliança correspondem, portanto, quase exatamente à Seção Áurea dos gregos. Aristóteles usou a imagem do meio-termo para definir a natureza da virtude. Escreve ele:

> A virtude moral é um meio-termo. É um meio-termo entre dois vícios, um dos quais envolve excesso e o outro deficiência, e isso porque a sua natureza é visar à mediania nas paixões e nos atos. [...] Do que acabamos de dizer segue-se que não é fácil ser bom, pois em todas as coisas é difícil encontrar o meio-termo. Por exemplo, encontrar o meio de um círculo não é para qualquer um, mas só para aquele que sabe fazê-lo (Aristóteles, *Ética a Nicômaco*, 1109a).

Eu entendo a proporção áurea, tão altamente apreciada pelos gregos e consagrada na estrutura da arca da aliança, como sendo a fórmula para a reconciliação dos opostos e para a relação do eu com o si-mesmo (o menor para com o todo)[20].

A arca da aliança é abrigada no tabernáculo, que é também construído de acordo com especificações precisas (Ex 26). Posto que haja alguma ambiguidade a respeito das dimensões, a compreensão comum é que o tabernáculo tinha 30 côvados de comprimento, 10 côvados de largura e 10 côvados de altura.

O recinto assim construído era a seguir dividido em dois aposentos, separados por um "véu. [...] A área externa destas salas, ou "lugar sagrado", tinha, conforme cálculo costumeiro, 20 côvados de comprimento por 10 de largura; o interior, ou "lugar santíssimo", era de 10 côvados quadrados[21].

---

20. Em termos práticos, isto refere-se ao processo da analogia. *Analogia,* em grego, significa proporção.

21. *International Standard Bible Encyclopaedia*, vol. 4.

Representação artística da arca da aliança.
(cf. *Aid to Bible Understanding*, 1971)

O "Santo dos Santos", que contém a arca da aliança, é, portanto, um cubo de 10 × 10 × 10 côvados.

As dimensões do tabernáculo expressam novamente a Seção Áurea 1:2 = 2:4 (3+1). Atribui-se importância especial ao cubo como forma do Santo dos Santos. Em Platão, o cubo significa o elemento Terra (*Timeu*, 55c). De acordo com Lü Pu-wei, "o caminho do Céu é circular, o da Terra é anguloso" (cf. OC 11/2, § 247, nota 7). Nos sonhos, um cubo é amiúde símbolo do si-mesmo (cf. OC 13, § 348, nota 25, e § 349). Ao número 10 ou década é também dado significado sagrado nas dimensões do "Santo dos Santos". Isso corresponde a uma apreciação semelhante feita pelos gregos. O *Tetractys* de Pitágoras (1 + 2 + 3 + 4 = 10) era um amuleto muito sagrado. Aristóteles diz-nos que, "como o número 10 é considerado perfeito [*teleion*] e abrangedor de toda a natureza dos números, dizem que os corpos que se movem pelos céus são dez, mas como corpos visíveis são apenas nove; para satisfazer a isso, inventaram um décimo, o 'anti-Terra'" (Aristóteles, *Metafísica,* 986a). Os pitagóricos estabelecem uma tabela de dez princípios dispostos com dez pares de opostos (Aristóteles, *Metafísica,* 986a*)*. A tradição judaica perpetuou a sacralidade do número 10 de várias maneiras, notavelmente nas dez Sefirot da Cabala.

A imagem do tabernáculo a abrigar a divina presença é francamente relevante para a psicologia. Jung usa esta imagem em uma carta:

> Deus quer realizar-se na chama cada vez mais alta da consciência humana. E quando esta não tem raiz na terra? Quando ela não é casa de alvenaria, onde possa morar o fogo de Deus, mas um pobre casebre de palha que queima e desaparece? Deus pôde então realizar-se? Devemos ser capazes de suportar a Deus. Esta é a tarefa maior do portador da ideia. Ele deve ser o advogado da terra. Deus cuidará de sua parte. Meu princípio íntimo é: Deus *et* homo. Deus precisa do ser humano para a conscientização, como precisa da limitação no espaço e no tempo. Sejamos portanto para Ele limitação no espaço e no tempo, um invólucro terreno (Jung, 1973-1975, vol. 1).

O compartimento externo do tabernáculo continha a mesa dos "pães da proposição", o altar do incenso e o candelabro (Ex 40,22-27). Este último é uma referência óbvia à natureza divina da luz (consciência). As oferendas dos "pães da proposição" e do incenso fazem parte de um sistema mais amplo de sacrifício ritual, que é o âmago da antiga adoração a Javé, e é profundamente significativo para a psicologia individual.

O sacrifício aos deuses é uma característica universal da religião primitiva, pelo que se demonstra sua natureza arquetípica.

Trata-se de uma compulsão instintual estabelecer relações entre o eu e o si-mesmo. O ritual sacrifical do antigo Israel é um exemplo particularmente rico e diferenciado desse padrão arquetípico. Os elementos do ritual são estes: escolhe-se uma vítima perfeita, sem defeito, que em seguida é imolada segundo uma maneira prescrita, um evento cruento, cuja contemplação é numinosa. Pode haver uma libação de sangue a Javé. A carne da vítima é dividida em duas porções. A porção de Javé é queimada, pelo que sobe ao céu na fumaça. A porção humana é consumida pelos adoradores em uma refeição ritual. Se o sacrifício for um holocausto ou "oferenda inteira" pode ser queimada em sua totalidade, e Javé recebe-a por completo.

Para fins de discussão, podemos distinguir quatro ideias principais no antigo ritual sacrifical. Os antigos estavam conscientes de uma instância transpessoal (Deus) que afeta os assuntos humanos. Mediante o sacrifício, eles tencionavam 1) oferecer *pagamento* de Deus em agradecimento por bênçãos recebidas ou por males evitados, um suborno que opera segundo princípio *do ut des* (dou para que você dê). Um subconjunto, mas suficientemente importante para garantir uma categoria separada são 2) aqueles sacrifícios pensados como reparação ou *expiação* pelo pecado. Outra ideia por trás do sacrifício é 3) a *alimentação de Deus*. Originalmente, a fumaça e o suave odor que sobem aos céus foram pensados para serem literalmente consumidos e apreciados por Deus. Finalmente, 4) há uma *alimentação do ser humano* mediante a refeição de comunhão. Os adoradores comem a carne da vítima consagrada que pertence a Deus. Destarte, os participantes estão, de fato, *alimentando-se de Deus*. A consequência é um senso de comunhão entre Deus e o ser humano, e dos seres humanos entre si. Estas ideias básicas subjacentes ao sacrifício ritual são muito importantes para a compreensão da relação do eu com o si-mesmo. Consideremo-las, cada uma, separadamente.

1. *Sacrifício como pagamento*. A mente primitiva está francamente consciente, pela certeza experiencial, de que um fator transpessoal influencia a existência humana. O ser humano moderno também alcança esta consciência como resultado de um encontro com o inconsciente que ativa as camadas mais profundas da psique. Com esta consciência, vem a compreensão de que o "outro", no próprio indivíduo, exige atenção e consideração. O próprio bem-estar está ligado ao "outro". Esta atenção dada ao inconsciente é equivalente à ideia primitiva do sacrifício de pagamento.

2. *Sacrifício como expiação pelo pecado*. Quando o eu transgride as exigências da totalidade, ou quando reclama para si as prerrogativas do si-mesmo, encontra-se em um estado de "pecado" psicológico e atrairá sobre a própria cabeça consequências que podem ser experimentadas como punitivas. Isto não quer dizer que estejamos lidando necessariamente com uma questão moral. Se alguém infringe a lei da gravidade, cai; dá-se o mesmo com quem viola a lei da psique. Exige-se a restituição para tais erros para que se restaure o equilíbrio (Edinger, 2020).

3. *Sacrifício como alimentação de Deus*. O si-mesmo exige a atenção contínua do eu a fim de chegar à existência manifesta. Ele precisa ser "alimentado" por uma atitude religiosa, definida por Jung como "a atitude particular de uma consciência transformada pela experiência do *numinoso*" (OC 11, § 9).

4. *Sacrifício como alimentar-se de Deus*. Não somente o si-mesmo é nutrido pela cuidadosa consideração que recebe do eu, mas o eu é igualmente alimentado por sua conexão com

o si-mesmo. Não podemos existir por conta própria. Cada momento e cada ato só podem existir em razão do apoio e cooperação do inconsciente. A compreensão deste fato é uma das fontes da atitude religiosa.

No ritual mosaico, um animal é oferecido em sacrifício. Psicologicamente, um animal refere-se à libido instintual ou ao desejo. A fim de ficar disponível para o sacrifício, tal desejo deve em primeiro lugar ficar sob o controle do eu. É preciso alcançar a capacidade de renunciar ao que se deseja. Em certo sentido, toda a lei mosaica é um instrumento para ajudar o ser humano a obter o controle de seu desejo instintual. À medida que o eu se desenvolve, começa a experimentar as energias do instinto e do desejo como sua própria responsabilidade. À proporção que uma figura interior de "espírito" se cristaliza, um contrapolo à mera "natureza", o eu começa a sentir-se culpado por seu desejo desregrado. Isto não é apenas uma consequência do superego[22], mas também deriva do si-mesmo que está ansiando por transformação. Ao passo que o eu sacrifica o desejo, está, ao mesmo tempo, contribuindo para a transformação e a humanização de Deus[23].

Os Dez Mandamentos

Além de especificar os detalhes do sacrifício ritual, o conteúdo principal da teofania no Sinai é o Decálogo (Ex 20 e Dt 5). Com o advento da psicologia do profundo, chegou o tempo de considerar esta pedra angular da psique ocidental a partir do ponto de vista psicológico, de preferência ao literal. Agora

22. "O superego é um sucedâneo necessário e inevitável da experiência do si-mesmo" (OC 11/3, § 394).

23. Para uma excelente discussão da psicologia do sacrifício, cf. OC 11/3, § 387ss.

devemos perguntar: o que significam psicologicamente os dez mandamentos?

1. *Não terás outros deuses além de mim.* Esta é a origem do monoteísmo e, do ponto de vista psicológico, de extrema importância. Anuncia o fato de que o si-mesmo é uma unidade e não uma multiplicidade[24]. Esta é a base da responsabilidade e da integridade do indivíduo, pois somente alguém íntegro é capaz de integridade. A consciência responsável pode ser levada somente por uma personalidade centrada, que é uma unidade (indivíduo) indivisível. A Psicopatologia oferece-nos muitos exemplos de dissociação psíquica na qual um centro unificador está ausente, notavelmente no alcoolismo crônico e no vício em drogas.

2. *Não farás para ti ídolos, nem figura alguma do que existe em cima, nos céus, nem embaixo, na terra, nem do que existe nas águas, debaixo da terra. Não te prostrarás diante deles, nem lhes prestarás culto.* Duas ideias estão mescladas aqui: a confecção de imagens (imaginação) e a idolatria. Para o ser humano antigo, o feitiar uma imagem deve ter tido um efeito tão poderoso sobre o inconsciente, que a imagem se tornava imediatamente um ídolo, evocando a projeção de poderes divinos ou mágicos. Psicologicamente, a idolatria significa a adoração de um aspecto ou poder arquetípico do inconsciente à custa do todo. O eu quase sempre se desenvolve a partir de um estádio inicial de idolatria. Concede-se proeminência a uma função psíquica, e o valor do todo é absorvido por aquela única função que, de fato, torna-se um ídolo. Conforme diz Jung: “Mefistófeles é o aspecto diabólico de toda função psíquica que escapa à hierarquia da totalidade, assumindo a autonomia e o domínio

24. Empiricamente, o si-mesmo é, *a um tempo,* unidade e multiplicidade, ou melhor, multiplicidade unificada.

absolutos" (OC 12, § 88). Este mandamento proíbe a idolatria, ou seja, a adoração de uma parte pelo todo.

Além da idolatria, o mandamento interdiz também o feitio de imagens. Isto significa que a própria imaginação é interditada e não é permitida nenhuma ligação espontânea com o inconsciente. Dessa forma, foi erigido um tabu do incesto psíquico. Evidentemente o perigo de sucumbir à tração regressiva do inconsciente é tão grande nessa fase do desenvolvimento do ego, que a fantasia e todos os poderes da imaginação devem ser supressos. Como parte da natureza, a imaginação estava ligada aos ritos da fertilidade e à religião da Grande Mãe, que a religião espiritual de Javé estava substituindo. Indivíduos modernos, em um esforço para unir os opostos que o javismo separou, devem ter uma atitude diferente em relação à imaginação e à confecção de imagens. Assim como eles se esforçam para reconciliar o masculino e o feminino, princípios que Javé separou, de algum modo buscam combinar o princípio unitário do espírito com as múltiplas facetas da imaginação criativa, conforme exemplificado no antigo politeísmo.

3. *Não pronunciarás o nome do Senhor teu Deus em vão, porque o Senhor não deixará impune quem pronunciar seu nome em vão*. Evidentemente isto se refere ao falso juramento de uma promessa em que se invoca o nome de Deus para garantir a verdade da declaração. Sedecias é um terrível exemplo de violação deste mandamento (2Cr 36,13). Psicologicamente, pode-se compreender o juramento invocando o nome de Deus como referente à alegação de que o indivíduo está em harmonia com o si-mesmo, a pretensão de que se está agindo a partir da completude. Isto é um perigoso desrespeito pela realidade da sombra e do "outro" no inconsciente. Cristo revisa este mandamento em Mt 5,33-34.37:

> Ouvistes ainda que foi dito aos antigos: Não jurarás falso, mas cumprirás junto ao Senhor os teus juramentos. Pois eu vos digo: Não jureis de maneira alguma. [...] Seja a vossa palavra sim, se for sim; não, se for não. Tudo o que passar disso vem do Maligno.

4. *Lembra-te de santificar o dia do sábado. Trabalharás durante seis dias e farás todos os trabalhos, mas o sétimo dia é sábado dedicado ao Senhor teu Deus. Não farás trabalho algum, nem tu, nem teu filho, nem tua filha, nem teu escravo, nem tua escrava, nem teu gado, nem o estrangeiro que vive em tuas cidades. Pois em seis dias o Senhor fez o céu e a terra, o mar e tudo que neles há, mas no sétimo dia descansou. Por isso o Senhor abençoou o dia do sábado e o santificou.* A semana de sete dias, não tendo nenhuma base astronômica, é uma invenção puramente arbitrária. Por outras palavras, é uma projeção de uma imagem psíquica. A Roma Antiga tinha um ciclo de oito dias, mas a semana de sete dias estabeleceu-se por todo o império por volta do começo de nossa era, talvez influenciada pela semana de sete dias dos judeus. A oscilação entre sete e oito é análoga àquela entre três e quatro, e é característica do simbolismo da individuação (OC 11/2, § 243ss.). Talvez seja significativo que nossa era tenha optado pelo dinâmico número 7 em vez do estático número 8. A semana de sete dias tornou-se a personificação temporal das sete divindades planetárias, tendo cada uma um dia sagrado: *Sunday*[25] (*Sun* = [Dia do] Sol →

25. Os nomes dos dias da semana em inglês derivam da mitologia nórdica: *Sunday* deriva de *Sigel*, deus do Sol; *Monday* deriva de *Máni*, personificação da Lua; *Tuesday* deriva de *Tyr*, que é o deus do combate, correspondente a Marte, deus da guerra, na mitologia romana; *Wednesday* deriva de *Wodin*, variação do nome *Odin*, pai dos deuses, que os romanos teriam identificado com Mercúrio, ou Hermes, na mitologia grega; *Thursday* deriva de *Thor*, deus do trovão; *Friday* deriva de *Frigg*, deusa da fertilidade [N.T.].

Domingo[26]), *Monday* (*Moon* = [Dia da] Lua → segunda-feira), *Tuesday* (*Mars* = [Dia de] Marte → terça-feira), *Wednesday* (*Mercury* = [Dia de] Mercúrio → quarta-feira), *Thursday* (*Jupiter* = [Dia de] Júpiter → quinta-feira), *Friday* (*Venus* = [Dia de] Vênus), *Saturday* (*Saturn* = [Dia de] Saturno). O fato de que o sabá judaico caía no sábado levou à ideia de determinados gnósticos de que Javé era sinônimo de Saturno.

No antigo Israel, a quebra deliberada do sabá é uma ofensa capital (Nm 15,22-26). O dia, em si, era um recipiente da sagrada essência de Javé, uma versão temporal da arca da aliança. E esta instituição estabelecia decisivamente as prerrogativas da dimensão sagrada, transpessoal da pisque, sobre e contra perseguições seculares. A palavra "sabá" significa cessar ou repousar. Conforme a interpretação usual, o sabá tencionava ser uma bênção para o ser humano. Contudo, Jastrow demonstrou que

> o sabá hebraico era originalmente um dia de propiciação como o *sabatum* babilônico (*American Journal of Theology*, II, 312-352). Ele alega que as medidas restritivas nas leis hebraicas para a observância do sabá surgiram da concepção original do sabá como um dia desfavorável, um dia no qual a ira de Javé pode inflamar-se contra os seres humanos[27].

---

26. Que os seis primeiros dias da semana fossem dedicados aos deuses pagãos evidencia-se também no latim e em todas as línguas dele derivadas (francês, italiano, espanhol, catalão, romeno, provençal), *exceto no português*. *Lunae dies, Martis dies, Mercurii dies, Jovis dies, Veneris dies, Saturni dies,* correspondentes ao dia da Lua, de Marte, de Mercúrio, de Jovis (Jove, Júpiter), de Vênus, de Saturno. O sétimo dia, que era dedicado ao deus Sol (*Solis dies*, nome conservado ainda em inglês e alemão, por exemplo, *Sunday* e *Sonntag*, respectivamente), foi substituído por *Dominicus* ou *Dominica*, Dia do Senhor. Em português, o nome "feira", acrescentado aos numerais, provavelmente deriva da Semana da Páscoa, em que todos os dias eram feriados, eram férias, ou ainda das feiras que se faziam ao ar livre durante os dias da semana. O nome "sábado" foi tomado emprestado ao hebraico *shabbat* [N.T.].

27. *International Standard Bible Encyclopaedia*, 1980, vol. 4.

Embora os comentadores ortodoxos façam objeções a esta observação, a prática de executar os que recusavam a bênção do sabá se presta à ideia de que a ira de Javé realmente "se inflamava contra os seres humanos" naquele dia.

Cristo assumiu uma atitude mais tolerante em relação ao sabá, alegando que "o sábado foi feito para as pessoas e não as pessoas para o sábado" (Mc 2,27); e que no sábado "meu Pai continua trabalhando até agora e eu também trabalho" (Jo 5,17). Esta última é uma afirmação impactante de se fazer no antigo Israel, e os fariseus ficaram devidamente escandalizados. Declaração deste jaez só pode ser feita por alguém que tem uma relação *individual* com o si-mesmo. Para tal pessoa, o conteúdo numinoso do sábado foi internalizado. O que é um crime no contexto coletivo, é permitido ao indivíduo, *desde que tenha suficiente consciência.* Consoante a uma fonte não canônica, Cristo, vendo um homem a trabalhar no sábado, disse-lhe: "homem, se verdadeiramente sabes o que fazes, és feliz; mas se não sabes, és maldito e transgressor da lei" (James, 1960; OC 11/4, § 745 e nota 6). Acerca deste dito, escreve Jung: "Gostaria de antepô-lo como epígrafe a uma renovação moral" (OC 11/2, § 291).

5. *Honra teu pai e tua mãe, como o Senhor teu Deus te mandou, para que vivas longos anos e sejas feliz na terra que o Senhor teu Deus te dá.* Compreendido psicologicamente, este mandamento impõe respeito às imagens arquetípicas do pai e da mãe onde quer que se manifestem. Elas conectam-nos com nossas raízes e origens, e lembram ao eu que ele é apenas um galho na árvore da vida. Javé indica que seu poder está por trás dessas imagens, e a conexão com elas é conexão com a vida e a prosperidade. Neuróticos dependentes podem

abusar desta passagem para justificar dependência regressiva de seus pais pessoais.

6. *Não matarás*. Sonhos com assassinato normalmente referem-se à repressão, à negação do direito de um conteúdo psíquico existir na consciência. Embora necessário e inevitável nos primeiros estádios do desenvolvimento, no processo de individuação é um crime contra a totalidade e é apropriadamente acompanhado de culpa. Ocasionalmente, sonhos de assassínio têm outro significado. Possuem, então, a característica de um crime necessário que é, ao mesmo tempo, um sacrifício. O sonho de Jung matando Siegfried pertence a esta categoria (Jung, 1987).

7. *Não cometerás adultério*. O que Javé quer dizer com adultério está indicado em Jr 13,27, onde Ele repreende Israel por sua prostituição com deuses falsos: "Teus adultérios, teus gritos de prazer, tua vergonhosa prostituição! Sobre colinas e no campo eu vi tuas abominações. Ai de ti, Jerusalém, que não te purificas! Quanto tempo ainda?"

De acordo com a etimologia, o adultério é um processo de adulteração (*adulterare*: de *ad* + *alter*, outro, diferente), e significa misturar ou diluir um material valioso com algo espúrio ou inferior. É um crime contra o contrato matrimonial. Psicologicamente, refere-se à violação da *coniunctio*. O adultério só é possível quando o indivíduo é casado, isto é, depois que experimentou o casamento dos opostos e está comprometido com a realidade da totalidade. O adultério psicológico é uma violação do valor que o indivíduo entrevê como o mais elevado, um retrocesso regressivo.

8. *Não furtarás*. Este mandamento está baseado na distinção entre o que pertence ao próprio indivíduo e o que pertence

a outro. Psicologicamente, esta é distinção entre o eu e o não--eu ou si-mesmo. Sonhos de furto muitas vezes se referem à apropriação do eu de algo que não lhe pertence, uma presunçosa identificação com o si-mesmo que dá início a uma ação punitiva da parte do si-mesmo. No entanto, às vezes um sonho de furto cai na categoria de um crime necessário. De acordo com o mito (Jardim do Éden, Prometeu etc.), o começo da consciência do eu está baseada no furto (Edinger, 2020).

9. *Não darás falso testemunho contra o próximo*. O próximo significa a sombra. Exige-se honestidade em relação à sombra. O falso testemunho negaria sua existência projetando-a. O infrator deste mandamento diz: "Eu sou bom. A fonte do mal deve ser buscada nos outros, não em mim". Dessa forma, a atmosfera psicológica fica poluída pelo falso testemunho. Este é outro mandamento que é necessariamente infringido nas primeiras fases do desenvolvimento do eu. No começo, a sombra deve ser negada a fim de permitir que o eu se cristalize (Edinger, 1989).

10. *Não desejarás a mulher do próximo. Não cobiçarás a casa do próximo, nem seu campo, nem seu escravo, nem sua escrava, nem seu boi, nem seu jumento, nem coisa alguma do que lhe pertence*. Este mandamento é a coroa do Decálogo. Não só proíbe ao indivíduo tomar o que não lhe pertence, como também proíbe querer o que não é seu. Desafia radicalmente a propensão básica do ser humano natural, do desejo em si. O efeito é dividir a psique em dois polos, natureza e espírito, que é um pré-requisito para a consciência. Visto que todas as pessoas são cobiçosas, sendo esta a natureza da psique primordial, este mandamento torna todos os seres humanos pecado-

res, em conflito e, portanto, carentes de redenção. O Apóstolo Paulo expressa-o de maneira incisiva:

> Que diremos, então? Que a Lei é pecado? De modo algum. Entretanto não conheci o pecado senão pela Lei, pois não conheceria a cobiça se a Lei não dissesse: Não cobiçarás. Mas foi o pecado que, aproveitando-se da ocasião dada pelo preceito, despertou em mim toda espécie de maus desejos, porque, sem a Lei, o pecado estava morto.
>
> Outrora eu vivia sem a Lei. Com a vinda do preceito, o pecado reviveu, e fiquei morto. Assim, o preceito que devia dar a vida conduziu-me à morte. Porque o pecado aproveitou a ocasião do preceito, seduziu-me e por meio dele me matou (Rm 7,7-11).

O mandamento contra o pecado (desejo) cria o pecado pela separação dos opostos (Edinger, 1985). O mandamento estabelece um antípoda à natureza, pelo qual esta última pode ser considerada má.

As implicações psicológicas deste mandamento são imensas. Ele deposita na psique humana o conflito dos opostos que pertencem a Deus. Este é o começo da encarnação de Deus no ser humano. O ser humano é solicitado a transformar, pela consciência, as energias primevas que fluem incontroladas através de Deus. Deus permite a si mesmo os ciúmes, o desejo, a violência e a chacina, mas para o ser humano tais coisas são pecados. Os dez mandamentos, portanto, tornam-se instrumento para a transformação de Deus encarnado no ser humano.

7 Josué, Gedeão, Sansão, Rute

Josué

A Terra Prometida era um presente de Javé para os israelitas; no entanto, precisava ser conquistada. Não era um presente dado gratuitamente, que o receptor pode aceitar ou recusar. Era uma ordem para tomar a terra de Canaã. Os que se recusavam eram destruídos (Nm 14,37).

Psicologicamente, a Terra Prometida pode ser vista como uma área do inconsciente que o imperativo da individuação exige ser assimilada pelo eu. Esta área é especificamente designada ao eu pelo si-mesmo, mas ainda assim, deve ser conquistada pelos esforços do eu. A terra não está desabitada, mas ocupada; está salpicada de cidades fortificadas; ou seja, inclui complexos inconscientes defendidos que devem ser resolvidos antes de poder ser assimilada. A conquista de Canaã, por Josué, é uma imagem simbólica de como lidar com o inconsciente e seus complexos hostis sob determinadas circunstâncias.

Javé conduz Josué para entrar em Canaã e tomar posse dela:

> Sê forte e corajoso, pois tu farás este povo herdar a terra que prometi dar a seus pais. Apenas sê forte e muito corajoso para cuidares de agir conforme toda a Lei que Moisés, meu servo, te ordenou. [...] Que este Livro da Lei jamais se afaste da tua boca; medita nele dia e noite, para que tenhas cuidado de agir conforme tudo quanto nele está escrito, porque deste modo farás prosperar teu caminho e terás êxito [...] pois o Senhor teu Deus estará contigo por onde quer que andes" (Js 1,6-9).

O desejo de crescimento exige que o eu siga adiante e adverte-o de seguir obedientemente os ditames da própria lei interior, o plano interior da própria existência; então a totalidade da pisque colaborará. Os espiões foram enviados para fazer um reconhecimento da terra ao redor de Jericó e foram abrigados por Raab, a prostituta (Js 2). A primeira incursão de uma pessoa no inconsciente descobre a *anima* auxiliadora.

De acordo com Ginzberg,

> Ela estivera levando uma vida imoral durante 40 anos, mas à aproximação de Israel, ela prestou homenagem ao verdadeiro Deus, viveu a vida de uma convertida piedosa e, como esposa de Josué, tornou-se a ancestral de oito profetas e da Profetisa Hulda (Ginzberg, 1956).

Raab corresponde à alma de Israel, que partilha seus quarenta anos de peregrinação. Ela é semelhante à Sofia, que caiu na escuridão da matéria (o deserto) e precisou ser resgatada (Pistis Sophia, 1947). Diz-se que Simão encontrou sua companheira feminina, Helena (uma manifestação da Sofia), em um bordel em Tiro (Jonas, 1958; Edinger, 1989). As relações entre Raab e Israel são mútuas e recíprocas. Raab protege os espiões israelitas e, em troca, é salva. Este é um tema típico de história de resgate da *anima,* por exemplo, Jasão e Medeia, Teseu e Ariadne etc.

Para alguns autores do período da patrística, Raab é uma figura da Igreja[28]. Tal como a Igreja é a esposa de Cristo, assim também na lenda Raab era a esposa de Josué, que é um tipo de seu homônimo, Jesus (Josué). Como a alma de Israel, Raab é também a alma da terra que pertence a Israel. Vem-me à memória um sonho de um judeu que havia negado suas origens judaicas.

> Estou em Israel, em um campo aberto, sobre uma colina. A colina tem exatamente a forma do seio de uma mulher. Bem no topo da colina, onde deveria estar o mamilo, estava uma bela moça loira, de olhos azuis. Talvez fosse judia, talvez não. Apaixono-me por ela e persigo-a, chamando-a por telefone. Ela ri e finalmente diz: "Muito bem, estúpido, vem até aqui". Vou até à colina e encontro-a ali, contando com ter uma experiência sexual. Em vez disso, ela conta-me sua história. Ela é de outro lugar. Casou-se com um judeu ortodoxo, mas ele era impotente e sepultou-se na religião, negligenciando-a. Ela voltou-se para outros e teve aventuras amorosas com outros homens. Enquanto olho para ela, parece-me uma alma perdida, à deriva.

Este sonho, que se seguiu a uma visita a Israel, retrata o encontro do sonhador com sua *anima* perdida, cujo destino tinha sido igual à "alma coletiva" de Israel.

---

28. "Disseram a Raab, que prefigurava a Igreja: 'Reúne contigo, em tua casa, teu pai, tua mãe e irmãos e toda a família, e quem ultrapassar a porta de tua casa, responderá por si' (Js 2,18-19), nessa ordem é declarado o mistério pelos qual aqueles que viverem e escaparem da destruição do mundo, devem ser reunidos em uma única casa, ou seja, na Igreja; mas quem quer que, dentre aqueles assim reunidos, [...] separar-se e não continuar na Igreja, que seu sangue recaia sobre ele" (*The Ante-Nicene Fathers,* 1977, vol. 5).

"O fio escarlate" de Raab, o sinal de que todos em sua casa deveriam ser poupados, era simbolicamente importante para os Padres da Igreja. Servia à mesma função que o sangue com que foram untadas as molduras das portas durante a Páscoa (Irineu de Lião, *Contra as heresias*, IV, 20,12) e era considerado como exemplificação do sangue salvífico de Cristo. De acordo com Clemente, "além disso, deram-lhe [a Raab] um sinal: pendurar na casa algo escarlate. Dessa forma, tornavam claro que o sangue do Senhor resgataria todos aqueles que acreditam e esperam em Deus" (Clemente Romano, *Primeira Carta aos Coríntios,* 12,7).

Por seu nome, Raab liga-se ao monstro-mãe primordial, mencionado em Is 51,9-10:

> Desperta, desperta, reveste-te de força,
> braço do Senhor!
> Desperta como nos dias de outrora,
> no tempo das gerações antigas!
> Acaso não foste tu que massacraste Raab,
> que traspassaste o dragão?
> Não foste tu que secaste o mar,
> as águas do vasto Oceano,
> transformando em estrada as profundezas do mar,
> para abrir passagem aos resgatados? (cf. tb. Jó 26,12 e Sl 89,10).

Nesta passagem, Raab é uma personificação do caos aquático existente antes da criação. Corresponde à Tiamat babilônica, que foi assassinada por Marduk na criação do mundo[29]. É tarefa do herói matar o aspecto primordial da Grande Mãe (dragão) que em muitos mitos tem o efeito de resgatar a *anima*.

29. Discutido por Jung em OC 5, § 376ss.

Conforme o exprime Neumann (1954),

> A transformação que o macho sofre durante a luta contra o dragão inclui uma mudança em sua relação com a fêmea, expressa simbolicamente na liberação do cativo do poder do dragão. Por outras palavras, a imagem feminina desvencilha-se das garras da terrível mãe, um processo conhecido na psicologia analítica como a cristalização da *anima* a partir do arquétipo mãe.

Algo deste tipo de transformação acontece na relação de Israel com o feminino por ocasião da conquista de Canaã. Raab, o monstro, é transformado em Raab, a mulher auxiliadora. Ela é resgatada do inimigo e, de acordo com a lenda, fiel ao padrão arquetípico, casa-se com Josué, seu resgatador.

Assim como a peregrinação de quarenta anos pelo deserto foi iniciada por um rito de entrada – a travessia do Mar Vermelho –, de igual modo um rito de saída – travessia do Jordão – assinala o término da experiência do deserto.

A transição foi marcada pelo fato de que o maná deixou de cair (Js 5,12), e já não ouvimos falar da coluna de nuvens orientadora e da coluna de fogo. O tema da travessia de um rio, de uma fronteira ou até mesmo de uma rodovia surge em sonhos para indicar uma transição importante de um nível de consciência para outro. Tal travessia muitas vezes exige prova da própria identidade e compromisso. Com a travessia do Jordão, esta prova é apresentada pela mandala das doze pedras levantadas em Guilgal[30] (Js 4,20). O fato de as águas do Jordão se terem dividido para a travessia, como o Mar Vermelho, expressa o tema da "passagem fácil". Isto refere-se ao fato psicológico de que, quando o si-mesmo está ativado e o eu finalmente decidiu

30. O termo *gilgal* significa "círculo de pedras" (Js 4,19, BJ nota a).

dar um passo importante, a execução da decisão pode ser notavelmente fácil por causa da cooperação do inconsciente.

Josué recebe diretrizes precisas de Javé para a conquista de Jericó:

> Vós, todos os homens de guerra, rodeai a cidade dando uma volta ao redor dela; assim fareis por seis dias. [...] No sétimo dia rodeareis a cidade sete vezes. [...] Quando derem um toque prolongado [...] todo o povo lançará um grande grito; o muro da cidade virá abaixo, e o povo subirá, cada um à sua frente (Js 6,3-5).

Esta é uma receita para a resolução de um complexo inconsciente. Deve ser experimentado de maneira circum-ambulada, repetidamente, de todos os lados. Movimentos circulares em torno de um centro tem o efeito psíquico de concentrar a energia no centro, constelando o si-mesmo como um campo de força. A travessia do Jordão foi selada pela imagem de uma mandala do círculo de pedras. Agora aquela imagem está sendo invocada novamente a fim de romper as defesas de Jericó. A *circumambulatio* é um processo poderoso que constela o si-mesmo. Jung descreve-a em seu comentário sobre *O segredo da flor de ouro*:

> O "aproximar-se circundando", ou "circumambulatio", exprime-se, [...] através da ideia de "circulação". Esta última não significa apenas o movimento em círculo, mas a delimitação de uma área sagrada por um lado e, por outro, a ideia de fixação e concentração; a roda do sol começa a girar, isto é, o sol é vivificado e inicia seu caminho; [...] tudo o que é periférico é subordinado à ordem que provém do centro. [...] Psicologicamente, a circulação seria o ato de "mover-se em círculo em torno de si mesmo", de modo que todos os lados da personalidade sejam envolvidos. "Os polos de luz e de sombra entram no movimento

> circular", isto é, há uma alternância de dia e noite. [...] O movimento circular também tem o significado moral da vivificação de todas as forças luminosas e obscuras da natureza humana, arrastando com elas todos os pares de opostos psicológicos, quaisquer que sejam. Isto significa autoconhecimento através da autoincubação (o "tapas" hindu) (OC 13, § 38ss.).

A sétima ação alude às sete esferas planetárias da Antiguidade, cada uma governada por uma das sete deidades planetárias. Completar os sete circuitos implica integrar todos os sete fatores arquetípicos simbolizados pelos planetas. Com o sétimo, vem o grito que anuncia a totalidade, e o complexo desmorona.

Jericó e as demais cidades capturadas foram colocadas sob anátema por Javé. "A cidade será consagrada a Iahweh, com tudo o que nela existe" (Js 6,17, BJ).

> O anátema, *herem* em hebraico, comporta a renúncia a toda presa de guerra e sua atribuição a Deus: os homens e os animais são mortos, os objetos preciosos são dados ao santuário. É um ato religioso, regra da guerra santa. [...] Toda omissão se torna sacrilégio que é severamente punido (Js 6,17, BJ nota a).

Quando Acã desafiou o anátema e apoderou-se de algum butim para si mesmo (Js 7,1), a consequência foi a derrota de Israel em Hai. Javé diz a Josué:

> Israel pecou. Sim, violaram minha aliança, o que eu lhes ordenara, apoderaram-se de coisas consagradas ao extermínio, roubaram, esconderam e colocaram-nas entre suas coisas. Por isso os israelitas não poderão resistir aos inimigos: voltarão as costas frente aos inimigos porque se tornaram consagrados ao extermínio. Não continuarei a estar convosco enquanto não eliminardes do vosso meio as coisas consagradas ao extermínio (Js 7,11-12).

O recurso a medidas tão extremas reflete a natureza perigosa de todas as coisas cananeias para o invasor Israel. Israel está no processo de estabelecer sua identidade. Deve não somente conquistar a terra de Canaã, mas também deve impor sua identidade sobre a terra. Há muitos exemplos históricos de um país que conquistou culturalmente seus conquistadores físicos. Semelhantemente, na psicologia do indivíduo, há momentos de transição em que pode ser fatal permitir qualquer consideração com o ponto de vista que se está tentando superar. Uma condição de "tudo ou nada" deve prevalecer. Somente assim se preserva a conexão com o si-mesmo.

Gedeão

Ao ocupar Canaã, Israel fez uma mudança radical da vida nômade para a sedentária. Durante a peregrinação e a conquista, Moisés e Josué forneciam liderança central; agora, porém, no assim chamado período dos Juízes, havia uma ruptura na autoridade centralizada. "Naquele tempo não havia rei em Israel; cada um fazia o que lhe parecia melhor" (Jz 17,6).

A conquista de Canaã foi um processo parcial, incerto e desordenado. Vitórias eram seguidas de derrotas e escravatura. Uma e outra vez lemos que "os israelitas ofenderam o Senhor; esqueceram-se do Senhor seu Deus, servindo aos baals e às aserás" (Jz 3,7-8), e Ele permitiu que fossem escravizados por seus inimigos. Após cada recidiva vem o arrependimento, e os israelitas "clamam ao Senhor" que suscita um líder ou "juiz" para resgatá-los.

O período incerto e caótico dos Juízes simboliza as vicissitudes que acompanham o esforço do eu para assimilar uma área importante do inconsciente. O resultado é a miúdo ambíguo por algum tempo, na medida em que permanece incerto se o eu assimilará o complexo ou se o complexo assimilará o eu. A falta de uma autoridade central reflete a fraqueza do eu durante a transição de um modo de vida para o outro. Na falta de um eu estável, a confiabilidade deve ser colocada em revelações esporádicas e intermitentes do si-mesmo, representadas pelos carismáticos Juízes que emergiam em tempos de penúria para resgatar Israel de seus opressores. Um desses Juízes foi Gedeão.

No tempo da vocação de Gedeão, Israel estava oprimido pelos madianitas e sujeito à adoração de Baal. Javé orienta Gedeão: "derruba o altar de Baal feito por teu pai e corta a estaca sagrada que está ao lado. Depois constrói um altar bem alinhado para o Senhor" (Jz 6,25-26); ato contínuo, ele deve oferecer um sacrifício de holocausto. Este é um assunto seriíssimo. A nova imagem de Deus está exigindo que a antiga imagem de Deus seja destruída. O eu individual deve ser o agente dessa ação. Posto que a obra de Deus possa ser percebida na história humana, os indivíduos devem assumir a responsabilidade pela realização dessa obra. Tornam-se, assim, portadores do drama divino e sofrem pessoal e concretamente as consequências das ações de Deus. Por conseguinte, é compreensível que, quando Gedeão recebeu a ordem de Javé para pegar em armas contra Madiã, ele (Gedeão) quisesse estar certo de que esta era indubitavelmente a vontade de Deus, e não uma ideia própria, inflacionada e ostentosa.

Gedeão solicitou um sinal da parte de Deus.

> "Se realmente vais salvar Israel por minha mão, como prometeste, vou estender este velo de lã no terreiro. Se o orvalho cair apenas sobre a lã e o resto do solo ficar seco, saberei que salvarás Israel por minha mão como prometeste". E assim aconteceu (Jz 6,36-38).

O sinal foi manifestado também às avessas: "'Que só a lã fique seca e o orvalho caia sobre todo o resto do chão'. E assim fez o Senhor naquela noite" (Jz 6,39-40).

O orvalho é uma imagem simbólica importante. No Livro dos Provérbios, o favor de um rei é "como orvalho sobre a relva" (Pr 19,12). O messiânico Salmo 72 fala do rei prometido, desejando que "seja ele como o cair da chuva sobre o velo" (leitura alternativa do v. 6). Moisés diz:

> Caia aos pingos, como chuva, minha doutrina.
> Goteje, como orvalho, meu discurso,
> qual chuvisco sobre as plantas
> e como aguaceiro sobre as pastagens (Dt 32,2).

Em Oseias, Javé anuncia: "Serei um orvalho para Israel: ele florescerá como o lírio" (Os 14,6). Irineu identifica o orvalho de Gedeão com o Espírito Santo (Irineu de Lião, *Contra as Heresias*, III, 17,3); Agostinho equipara-o à "graça de Cristo" (Agostinho, *Comentário aos Salmos*, 71, 9.6) e faz a seguinte observação:

> Que é o tosão? Seria o da terra no meio do povo judaico que tinha o sacramento da graça, não manifestamente, mas oculto de maneira nebulosa encoberto como o orvalho no tosão. Veio o tempo em que o orvalho se revelasse na eira; manifesto, não escondido. [...] A suavidade do orvalho se encontra apenas em Cristo (Agostinho, *Comentário aos Salmos*, 101, 9.4).

O orvalho de Gedeão também aparece na alquimia. "*Ros Gedeonis* (o orvalho de Gedeão) é sinônimo de *acqua permanens* (água eterna), consequentemente, de *Mercurius*" (OC 16/2, § 483). Aparece na Figura 8 das imagens do *Rosarium* acerca da qual Jung faz o seguinte comentário:

> Ora, uma atitude que pretende ser justa para com o inconsciente e para com o outro não pode depender unicamente do conhecimento.
>
> [...]
>
> [...] Por isso temos de abandonar o ponto de vista puramente intelectual. O orvalho de Gedeão constitui, de fato, uma intervenção divina; ele é a umidade anunciando o iminente retorno da alma (OC 16/2, §§ 486-487).

O exército inicial de Gedeão de 32.000 foi drasticamente reduzido por Javé. Em primeiro lugar, todos os que estavam tremendo de medo foram dispensados, ficando 10.000 (Jz 7,3). Este número foi depois reduzido a 300 mediante um artifício interessante:

> Faze-os descer até à água. [...] "Quem lamber a água como o cão faz com a língua, põe-no de um lado [...] Com os trezentos homens que lamberam a água eu vos salvarei, entregando os madianitas em tuas mãos" (Jz 7,4-7).

Este processo de seleção é um procedimento de extração de acordo com a fórmula 32 10 3. Extrai do total de 32 primeiramente o número 10 e, em seguida, o número 3[31]. O critério final para a seleção é o comportamento parecido com o do cão ao lamber a água. No Sl 68,24, Javé diz que vai providenciar para que "a língua de teus cães tenha dos inimigos a sua parte". Comentando esta passagem, Agostinho observa: "e isto não foi inutilmente. Foi por grande mistério que Gedeão mandou que fossem alistados somente os que lambessem como os cães a água do rio" (*Comentário*

31. Na Cabala há trinta e dois caminhos de sabedoria formados pelos dez números e pelas vinte e duas letras do alfabeto hebraico (S. L. M. Mathers, 1962). Para o simbolismo do número 3, cf. Edinger, 2020. Em essência, 3 é o número da egoidade.

aos Salmos, 68, 32). Como comedor de carniça, o cão tinha associações negativas no Antigo Testamento, mas como cão de guarda e pastor de ovelhas tinha associações muito positivas. Jung escreve:

> O cão se distingue na história do símbolo por uma riqueza extraordinariamente grande de relacionamento. [...] Ao lado do paralelo gnóstico *Logos-canis*, existe também o paralelo cristão, que é *Christus-canis*, transmitido pela fórmula "mitis electis, terribilis reprobis" (suave com os escolhidos e terrível com os condenados), isto é, um *pastor verus* (verdadeiro pastor). São Gregório diz assim: "Vel qui alii hujus gregis canes vocantur, nisi doctores sancti...?" (Quais outros deste rebanho são chamados de cães a não ser os santos doutores?...). [...] Em HORAPOLLO. "Hieroglyphica 30". [...] se destaca o poder contagiante do cão [...]. Por causa de seu rico contexto simbólico o cão é um sinônimo apropriado para a substância de transformação (OC 14/1, § 169, nota 281).

As forças de Gedeão foram asseguradas da vitória quando espiões entreouviram o sonho de um madianita: "Tive um sonho. Vi um pão redondo, de cevada, rolando sobre o acampamento de Madiã. Ao chegar à tenda, bateu nela, virou-a para cima e a tenda caiu por terra" (Jz 7,13). Tal sonho, no qual um objeto inanimado produz uma ação deliberada, indica a ativação da psique autônoma (o si-mesmo). Por conseguinte, é forçoso que o eu ajuste sua atitude de acordo com o si-mesmo ativado; do contrário, será esmagado.

Sansão

A história de Sansão (Jz 13–16) é a de uma *coniunctio* que malogrou. Começa com um casamento entre Sansão, o israelita, e a filha de um filisteu. No meio do banquete nupcial, Sansão propõe um enigma: "do que come saiu comida, e do forte saiu doçura" (Jz 14,14). Isto se refere ao favo de mel que Sansão encontrou na carcaça do leão que ele havia matado (Jz 14,5-8). Tal como no caso de Édipo, o enigma é a questão central da história, e, tal como Édipo, Sansão não consegue lidar com o sentido mais profundo do enigma (cf. abaixo, p. 96-99, para mais detalhes sobre o simbolismo do enigma).

O que significa que de um leão morto sai doce mel? Significa a transformação do princípio do poder. O "Espírito de Javé" habitava em Sansão, permitindo-lhe realizar grandes feitos de coragem e de vingança quando sob a influência de intensa comoção (p. ex., Jz 14,19). Contudo, Sansão foi chamado à *coniunctio* que exigia que ele se tornasse consciente dos opostos, tanto o poder quanto o amor. Ele não passou no teste. O princípio da vingança prevalece ao longo da história de Sansão. Por esta razão, sua *anima* filisteia voltou-se contra ele. Assim, o eu unilateral é desfeito pelo inconsciente em seu esforço para promover o ponto de vista mais amplo da totalidade.

O evento sincrônico de encontrar um favo de mel no corpo do leão que ele havia matado destinava-se a informar Sansão, o Nazireu e homem de Deus, que era sua tarefa contribuir para a transformação de Deus (Edinger, 1984). A partir desta perspectiva, a morte do leão e a derrota e a morte de Sansão são simbolicamente equivalentes[32]. Ambas representam a transformação do princípio arquetípico do poder. A *coniunctio* que Sansão não pôde alcançar na vida acontece em sua morte na medida em que tanto ele quanto os filisteus perecem juntos (Jz 16,30).

Sansão tem analogias seja com Mitra, seja com Cristo. Mitra sacrificou o touro, e Cristo carregou a cruz, o instrumento de seu próprio autossacrifício. Há imagens de Sansão carregando os portões de Gaza (Jz 16,3) sob a forma de uma cruz (OC 5, § 600, nota 190). Cego, na prisão, Sansão a mover a mó do moinho (mandala) em Gaza (Jz 16,21) é uma imagem da servidão à totalidade, uma versão inconsciente do carregar a cruz do si-mesmo.

Irineu interpreta Sansão como prefiguração de Cristo.

> O menino, portanto, que levava Sansão pela mão prefigurava João Batista, que mostrou ao povo a fé em Cristo. E a casa na qual estavam reunidos significa o mundo, no qual habitam as várias nações pagãs e incrédulas, oferecendo sacrifício a seus ídolos. Ademais, as duas colunas são as duas alianças. O fato, pois, de Sansão apoiar-se nas colunas [indica] isto: o povo, quando instruído, reconhecia o mistério de Cristo (*The Ante-Nicene Fathers*, 1977, vol. 1).

Referindo-se a Jz 14,14 – "Do que come saiu comida, e do forte saiu doçura" –, Picinellus diz:

> Ele pretende indicar com isso o Filho de Deus, que por tempo bastante longo imitou o temível leão, ao combater os crimes do mundo, mas ao aproximar-se a morte, instituiu o Sacramento da Santíssima Eucaristia e transformou-se em favos de mel suavíssimos[33].

---

32. Jung diz que o herói não dispõe de nenhuma arma quando luta com o leão ou com o touro porque está lutando consigo mesmo (OC 5, § 600, nota 190).
33. *Mundus Symbolicus*, I, 397, citado em OC 14, § 305, nota 316.

Sansão personifica o tortuoso processo de transformação do motivo do poder: Leão > Mel, Javé > Cristo. O homem forte é transformado no escravo cego derrotado, que, no entanto, de seu cativeiro na escuridão, destrói o antigo templo em preparação para o novo, e cria um alimento doce para a alma.

John Milton tinha familiaridade pessoal com a imagem arquetípica de Sansão. Seus grandes poemas finais, *Paraíso Perdido, Paraíso Recuperado* e *Sansão Agonista*, foram escritos em total cegueira e durante intermitentes ataques de gota. Estas linhas de *Sansão Agonista*, do último poema, são um exemplo do mel a brotar do "leão morto", que tinha sido o polemista de Cromwell.

> Deus de nossos Pais, o que é o ser humano!
> Para que em relação a ele com mão tão vária,
> Ou deveria eu dizer contrária,
> Modera tua providência ao longo de sua breve existência,
> Não equitativamente, como governas
> As ordens angélicas e as criaturas inferiores mudas, irracionais e brutas.
> Já nem falo da multidão das pessoas comuns.
> Que vagueiam à solta,
> Crescem e perecem, como a mosca do verão,
> Cabeças sem nome já não são lembradas,
> Mas aquelas que solenemente elegeste,
> Com dons e graças eminentemente adornadas
> Para alguma grande obra, tua glória,
> E para a segurança das pessoas, a qual em parte proveem:
> Em relação a estes, porém, assim dignificados, muitas vezes
> No auge de seu esplendor
> Mudas teu semblante, e tua mão sem nenhuma consideração
> Das mais elevadas mercês passadas

> De ti para eles, ou deles para ti à disposição
> Não só os degradas, ou os entregas
> À absurdidade da vida, que seria um justo desprezo
> Mas os degradas mais do que os exaltaste
> Indecorosas quedas aos olhos humanos,
> Dolorosas demais para a transgressão ou omissão,
> Amiúde os entregas à espada hostil
> De pagãos e profanos, suas carcaças
> a cães e uma presa de aves, ou ainda um cativo:
> Ou a injustos tribunais, sob a mudança dos tempos.
> E a condenação da ingrata multidão,
> Se destas eles escapam, talvez na pobreza,
> Com doença e enfermidade os abates,
> Dolorosas doenças e deformidades,
> Na cruel velhice;
> Embora não desordenado, mas sofrimento sem causa
> O castigo dos dias dissolutos, em resumo,
> Justos ou injustos parecem igualmente miseráveis,
> Pois muitas vezes, de modo igual, ambos chegam a um triste fim
> Assim, não trates este que outrora foi teu Campeão,
> A Imagem de tua força, e poderoso servo.
> O que imploro? Como já tens agido?
> Contempla-o neste estado calamitoso, e leva
> Suas fadigas, pois tu podes, a um fim cheio de paz (Milton, 1969, linhas 667-709).

Rute

O Livro de Rute é um oásis de encanto feminino na austeridade patriarcal do Antigo Testamento. Goethe chamou-a de "o mais amável pequeno conjunto épico e idílico que chegou até nós"[34]. Naomi, com seu esposo e dois filhos, mudam-se de Israel para Moab por causa da fome em Israel. Depois de alguns anos, o marido e os dois filhos morrem, e Naomi retorna a Israel com sua nora moabita, Rute. Ali Rute encontra Boaz, e casam-se. Nasce-lhes Obed, o avô de Davi e ancestral do Messias.

Os moabitas eram descendentes de Moab, o primogênito da incestuosa união entre Ló e sua filha mais velha. Eram inimigos tradicionais de Israel e associados à licenciosidade, conforme narrado em Nm 25,1: "Israel se estabeleceu em Setim, e o povo começou a prostituir-se com as filhas de Moab". Conforme sugere Kluger (1957), "Moab representa o oposto psíquico ou o complemento para Israel", o lado feminino (*eros*) em oposição ao lado masculino (*logos*). Uma lenda muito interessante nos informa que

> Moisés queria guerrear contra os descendentes de Ló após o episódio de Setim. Deus proibiu-lho, dizendo que as duas nações deveriam ser poupadas porque duas pombas deveriam nascer delas: a moabita Rute e a amonita Naamá (esta Naamá foi a esposa de Salomão). Uma versão desta lenda leva Deus a dizer que Ele "perdeu algo valioso entre eles" (Kluger, 1957).

Podemos entender o valor perdido como sendo um aspecto do princípio feminino simbolizado por Rute, enquanto o Livro de Rute é um registro da redenção daquele valor perdido.

Moab representa a psique matriarcal, onde o princípio da natureza e da fertilidade é primário, e o princípio do espírito masculino é subordinado a não mais do que um instrumento para fecundar a Grande Mãe. Naomi, no entanto, representa

34. Como citado em Kluger, 1957. Sou grato a este excelente artigo de onde hauri o material usado nesta seção.

o feminino que foi transformado pelo encontro com o espírito autônomo, Javé. Contudo, naquela transformação, algo se perdeu e exige resgate ou redenção, daí sua estada em Moab.

Na obra cabalística *Zohar Rute*, Rute "personifica a comunidade de *Israel* e também a Chequiná, o lado feminino de Deus, que, como Israel, está no exílio" (Kluger, 1957). De acordo com este simbolismo, a mudança de Rute para Israel e seu casamento com Booz é nada menos que a *coniunctio* definitiva que realiza a redenção tanto de Israel quanto de Javé.

O tema da redenção é parte central da história. Quando Rute retorna da catação de espigas no campo de Booz, e informa a Naomi ter encontrado Booz, Naomi responde: "esse homem é nosso parente próximo, é um dos que têm sobre nós direito de resgate [literalmente, ele é um dos nossos *goelim*]" (Rt 2,20). De acordo com a lei do levirato, uma viúva que não tem nenhum filho é tomada por esposa por seu cunhado ou por outro parente próximo. O filho mais velho deste casamento é considerado como filho do falecido marido, de quem se torna herdeiro (Dt 25,5, BJ nota c). O parente próximo que se casa com a viúva é chamado de redentor (*goel*). O mesmo termo significa "resgatar" e é aplicado àquele parente sobre o qual recaem certos deveres de redenção. Por exemplo, se um homem se vende à escravidão, "mesmo depois de se ter vendido terá direito ao resgate. Um de seus parentes poderá resgatá-lo. O tio, o sobrinho, ou um parente próximo poderá resgatá-lo. Se conseguir os meios, ele mesmo poderá se resgatar" (Lv 25,48-49). O mesmo se aplica a Javé. "Mas agora assim fala o Senhor que te criou, ó Jacó, e te formou, ó Israel: Não tenhas medo, pois eu te resgatei, chamei-te pelo nome, tu és meu!" (Is 43,1). Os primeiros rabinos judeus aplicavam o termo *goel* ao Messias

(Jó 19,25, BJ nota a), o qual tem a mesma implicação em Jó 19,25. "Eu sei que meu Defensor [*goel*] está vivo e que no fim se levantará sobre o pó"; "[...] e que se levantará no último dia sobre a terra" (AV).

Havia dois parentes próximos, Booz e outro homem, que tinham o direito de resgate de Rute. Kluger informa-nos que o *Zohar Rute* identifica esses dois *goelim* como os dois Messias, Messias *ben* ['filho de'] Davi e Messias *ben* ['filho de'] José (Kluger, 1957; cf. tb. OC 9/2, § 168). Estas ideias conectam-se simbolicamente com o fato de que Obed, o filho de Rute e Booz, é um ancestral do Messias. Assim, a união entre Rute e Booz implica redenção em dois níveis, no nível pessoal, individual, e no coletivo, arquetípico (representado pelos dois Messias).

O cerne da história é uma imagem da *coniunctio*, a união de Rute e Booz. Conforme demonstra Kluger, o encontro noturno de Rute com Booz pode ser considerado uma sedução sagrada tendo Rute no papel da "prostituta sagrada" ou hierodula. Kluger cita Os 9,1[35] e prossegue:

> É permitido presumir, a partir da repreensão de Oseias, que ritos que envolviam [...] "prostitutas sagradas" ou hierodulas aconteciam nas eiras [...]. A hierodula era, afinal de contas, uma sacerdotisa ou representante da deusa, e a grande deusa mãe, sob qualquer nome que fosse adorada – Ishtar, Ísis, Afrodite –, estava associada a um amante – Tammuz, Osíris, Adonis –, com quem acasalava ano após ano. Esta união do casal divino, o matrimônio sagrado ou *hierósgamos*, era promulgado pelo sacerdote ou pela sacerdotisa na terra, especialmente nas festas da colheita (Kluger, 1957).

35. Porque te prostituíste longe de teu Deus, amaste o salário de prostituta em todos os terreiros onde se malha o trigo.

A mesma imagem de um "matrimônio sagrado" ocorre na Cabala. Já observamos que Rute foi identificada com a Chequiná, o aspecto feminino de Javé. Ela está também ligada a Malkuth, as Dez Sefirot. Malkuth une-se a Yesdo, as Nove Sefirot, assim como Rute se une a Booz, e o resultado é a união de Javé com sua essência feminina perdida, que restaurará o estado de unidade paradisíaco do ser humano com Deus, e de Deus consigo mesmo, "a feliz união dos ritmos da existência divina na única grande melodia de Deus" (Scholem, 1954). O Livro de Rute preanuncia a *coniunctio* que recebe sua plena expressão no Cântico dos Cânticos.

8 Saul e o Espírito de Javé

A história de Saul começa com Samuel que, quando menino, foi dedicado por sua mãe ao serviço no santuário com Eli, o sacerdote. A vocação pessoal de Samuel por Javé é um paradigma importante para a psicologia.

> Samuel estava deitado no santuário do Senhor, lá onde se encontrava a arca de Deus. Então o Senhor chamou Samuel, e ele respondeu: "Aqui estou!" Correu para junto de Eli e disse: "Aqui estou! pois me chamaste!" [...] [Isso acontece três vezes]. [...] Então Eli se deu conta de que era o Senhor que chamava o menino. Por isso disse a Samuel: "Vai deitar-te e se alguém te chamar, responderás: 'Senhor, fala, que teu servo escuta!'" (1Sm 3,3-4.8-9).

O jovem Nietzsche identificava-se com Samuel, conforme informa-nos em sua autobiografia:

> De todos os livros da Bíblia, 1 Samuel, especialmente nas passagens iniciais, causou-me a mais profunda impressão. De certa forma, pode ser responsável por um importante elemento espiritual em minha vida. É onde o Senhor desperta de seu sono três vezes o menino profeta, e Samuel confunde por três vezes a voz celestial com a voz de Eli adormecido perto dele no Templo. Depois da terceira

> vez, convencido de que seu prodígio está sendo chamado a serviços mais elevados do que os que lhe estavam à disposição na casa dos sacrifícios, Eli passa a instruí-lo nos caminhos da profecia. Não tive nenhum Eli (nem mesmo a Schopenhauer) quando uma visita semelhante obscureceu os primeiros dias de minha adolescência. Eu havia completado 12 anos quando o Senhor irrompeu em mim em toda a sua glória, uma deslumbrante fusão de retratos de Abraão, Moisés e do Jovem Jesus em nossa Bíblia de família (Nietzsche, 1965).

Miss Miller, o sujeito do caso de estudo de Jung apresentado em *Símbolos da Transformação,* lembrou-se das palavras de Samuel: "Senhor, fala, que teu servo escuta", imediatamente antes de uma experiência visionária (OC 5, § 256). Jung comenta conforme segue:

> As palavras bíblicas contêm uma invocação ou uma "oração": um desejo dirigido para a divindade, uma concentração da libido na imagem divina (OC 5, § 257).
>
> A história de 1Sm 3,1s. conta como a libido é dirigida para dentro: a invocação exprime a introversão e a esperança manifesta de que Deus fale; transfere a atividade do consciente para a substancialidade constelada pela invocação, que se desvenda à nossa compreensão empírica como um protótipo. A experiência mostra que é comum a todos os conteúdos arquetípicos possuírem certa autonomia, por um lado aparecendo espontaneamente, por outro lado podendo exercer uma coação por vezes até irresistível. A esperança de que "Deus" assuma a atividade e espontaneidade do consciente nada tem portanto de absurdo, pois os arquétipos são inteiramente capazes disto (OC 5, § 260).

A confusão que Samuel faz do chamado de Javé com o chamado de Eli representa o fato de que o chamado do si-mesmo é amiúde primeiramente projetado em uma figura de autoridade exterior. De fato, a capacidade de uma pessoa jovem fazer projeções de tamanho considerável é muitas vezes uma medida de seu próprio potencial. Quando Samuel, por fim, ouve deveras Javé, é-lhe dito que a casa de Eli está condenada. "Vou anunciar-lhe que condeno a sua família para sempre" (1Sm 3,13). Em termos da psicologia do indivíduo, isto significa que a relação com a autoridade interior por meio de projeção deve ser destruída. Samuel deve agora ter uma relação direta com Deus.

A realeza em Israel foi incentivada pela ocorrência de uma catástrofe nacional. A arca da aliança fora capturada pelos filisteus (1Sm 4). Com efeito, a queda deste paládio nas mãos do inimigo significava que a nação corria o risco de dissolução, de servidão e de dependência dos possuidores de sua sagrada imagem. Na psicologia do indivíduo, a arca significa o segredo sagrado que assegura a integridade da personalidade. Sua captura representa uma projeção do si-mesmo que cria uma abjeta dependência do portador da projeção (p. ex., a transferência). Tal projeção tampouco é boa para seu receptor, especialmente se existe uma tendência a identificar-se com ele. Para os filisteus, a presença da arca trouxe a queda de seu deus (Dagon) e uma praga (1Sm 5). Estes efeitos representam as consequências destrutivas de identificar-se com a projeção do si-mesmo de outra pessoa. O indivíduo é infectado pela psique do outro, perde a relação com o próprio valor suprapessoal e é afligido pela inflação (tumores e inchaços).

O método pelo qual os filisteus se livram da praga é instrutivo. São advertidos de devolver a arca da aliança a Israel, acompanhada de cinco figuras de ouro de seus tumores e de seus ratos (1Sm 6,5). Desse modo, recebem a ordem de devolver a projeção do si-mesmo à sua fonte, de reconhecer seu valor objetivo (ouro) e contemplar imagens de sua aflição (tumores e ratos). Esta última tem o mesmo significado que a serpente de bronze, que curava a praga das serpentes no deserto (Nm 21,6ss.). Representa o processo da imaginação ativa mediante o qual a comoção da qual alguém está possuído é objetificada.

Pela influência de Samuel, Saul foi escolhido para ser o primeiro rei de Israel. Duas versões deste evento aparecem na Bíblia, as assim chamadas versões "monarquista" e a "antimonarquista" (1Sm 8,1, BJ nota a). De acordo com um relato, o povo vem a Samuel e insiste para que lhes dê um rei, solicitação que Javé considera uma rejeição de si próprio (1Sm 8,1-5). Conforme o outro relato, a questão é suscitada por Javé, que diz a Samuel que escolheu Saul para ser rei (1Sm 9,15-16). Este duplo relato paradoxal da origem da monarquia em Israel é muito importante para compreender o desenvolvimento do eu.

O tempo dos Juízes representa um estado difuso da psique no qual há múltiplos e mutáveis centros de autoridade ("cada um fazia o que lhe parecia melhor", Jz 17,6). A chegada da monarquia traz uma centralização e consolidação do eu. Conforme nos diz Jung, o si-mesmo pode ser considerado "aquele que, por assim dizer, predetermina o eu" (OC 11/3, § 391). É o terreno arquetípico sobre o qual o eu é construído, e o si-mesmo, para ser realizado, deve encarnar-se no eu. Contudo, o fato de o eu assumir o papel de centro da psique é também um pecado contra o si-mesmo, visto que constitui um roubo da prerrogativa divina. Dessa forma, a monarquia é uma obediência *e* uma rebelião. O eu encontra os opostos e vê-se "invadido pelo conflito divino" (OC 11/4, § 659). Para Saul, este "conflito divino" manifestou-se nele pelo Espírito de Javé, que incialmente foi auspicioso, mas em seguida tornou-se um espírito mau (1Sm 16,14). Saul encontra seu destino mais elevado enquanto procurava pelas jumentas perdidas de seu pai (1Sm 9). Incapaz de encontrá-las, ele procura Samuel, o vidente, em busca de ajuda. Samuel, por sua vez, recebera de Javé a ordem de velar por Saul a quem ele deve ungir rei de Israel. Este tema de movimento recíproco, no qual o eu busca a orientação do inconsciente enquanto o inconsciente busca a atenção do eu, é típico do processo de individuação. Assim também o fato de que o indivíduo é capaz de descobrir uma nova orientação da vida somente depois de um doloroso período de busca por um valor perdido.

Depois de encontrar Samuel, Saul é convidado para uma refeição onde lhe é servida uma porção que havia sido reservada para ele:

> Samuel ordenou ao cozinheiro: "Traze a porção que te entreguei com a ordem de a guardares contigo". [...] e Samuel disse: "Olha, o que foi reservado está diante de ti. Come, pois foi guardado para ti para o tempo determinado" (1Sm 9,23-24, RSV).

A palavra traduzida como "porção" (*manah*) significa algo abalançado ou dividido, portanto, "quinhão". O Sl 16,5 diz: "O Senhor é a porção [*manah*] de minha herança e minha taça" (AV), e Jr 13,25: "Este é teu quinhão, a porção [*manah*] de tuas medidas de minha parte – oráculo do Senhor" (AV). O termo é semelhante ao grego moira, sorte ou destino, que tem como sentido primário "parte" ou "porção atribuída" (Cornford, 1957). Saul é instado a comer o alimento de seu destino[36]. Esta é uma imagem da *coagulatio* a significar a

36. Cf. Jo 4,34: "Meu alimento é fazer a vontade daquele que me enviou".

realização consciente de um conteúdo previamente inconsciente (Edinger, 1985).

No dia seguinte, "Samuel tomou o frasco de azeite, derramou o óleo sobre a cabeça de Saul e o beijou com estas palavras: 'Com isto o Senhor te ungiu como chefe de seu povo Israel'" (1Sm 10,1). Isto introduz a significativa imagem da "unção", uma representação concreta da entrada do Espírito de Javé em Saul. É literalmente derramada ou esfregada nele. A unção é seguida pelo êxtase de Saul, conforme predito por Samuel: "E o espírito do Senhor tomará conta de ti, de modo que entrarás em transe [profetizarás, AV] com eles, sendo transformado num outro homem" (1Sm 10,6).

A propósito da expressão "entrar em transe" ou "profetizar", Rivkah Kluger (1974) observa:

> A palavra "profetizar" (*hitnabbe*) realmente significa: "a emissão extática de sons". A raiz *naba* também significa "produzir", em árabe, e é usada especialmente para palavras. Somente posteriormente é que começa a significar "profecia". O desenvolvimento da palavra também nos dá uma ideia do desdobramento da profecia a partir do mero êxtase à transmissão de mensagens divinas. [...] Para nossa investigação, é da maior importância que a palavra *hitnabbe* seja usada para a ira de Saul em 1Sm 18,10, quando já era vítima de sua melancolia. Talvez isso indique que já se presumia que a melancolia de Saul estava ligada ao seu dom profético.

Indo na esteira de Paul Volz, Kluger (1974) fala de três maneiras pelas quais o Espírito de Javé pode manifestar-se: 1) pelo sorteio; 2) pelo êxtase profético e 3) pelo *furor bellicus*. Estes três modos têm paralelos na manifestação do inconsciente. O sorteio corresponde ao fenômeno da sincronicidade. O êxtase profético é a forma extrema de inspiração pelo inconsciente. *Furor bellicus*, fúria da batalha, que pode apossar-se de um soldado no campo de batalha, corresponde à intensa comoção que pode irromper a fim de proteger um valor psíquico vital que foi ameaçado[37]. Todos estes três aspectos do Espírito de Javé se verificaram na relação com Saul. Conforme uma das versões, ele foi escolhido rei por sorteio (1Sm 10,20-21). Após ser ungido por Samuel, entrou em transe profético (1Sm 10,10), e enquanto o Espírito de Javé permanecia, ele era invencível na batalha.

A queda de Saul começa com um crime contra Javé. Temos duas versões daquele crime. Em conformidade com 1Sm 13,10-13, o crime de Saul foi que, na urgência de uma situação militar, o próprio Saul ofereceu sacrifício a Javé em vez de esperar que Samuel chegasse. Em 1Sm 15,8-9, o crime de Saul é que ele violou o extermínio decretado aos amalecitas, permitindo que o Rei Agag vivesse, e poupando o melhor das ovelhas e das vacas. Samuel castiga Saul, dizendo: "Pois a rebeldia é um pecado de magia, a obstinação é crime de idolatria. Já que rejeitaste a ordem do Senhor, Ele te rejeitou como rei" (1Sm 15,23). Javé lamenta ter feito Saul rei e retira o Espírito de Javé, ou antes, transforma-o em espírito mau. "O espírito do Senhor se tinha retirado de Saul, e cada vez mais frequentemente o assaltava um espírito mau da parte do Senhor" (1Sm 16,14).

A falha de Saul transmite uma mensagem difícil para a mentalidade moderna. Seu crime não parece grande aos nossos

37. Ninguém sabe que reação do inconsciente pode emergir em momentos de crise. Um jovem pacato, não agressivo, despertou certa noite ao deparar-se com um intruso em seu quarto. Para sua surpresa, saltou furiosamente sobre o invasor, e o ladrão fugiu para salvar a própria vida.

olhos. Por considerações urgentes e razoáveis, ele não honrou imediatamente a voz vindicativa de Javé, exclamada das profundezas da comoção. Repetidamente, Javé havia exigido que Amalec fosse completamente destruído. Em Ex 17,14.16, diz Javé: "[...] 'eu apagarei a lembrança de Amalec debaixo do céu' [...] 'o Senhor estará em guerra contra Amalec, de geração em geração'". Novamente, em Dt 25,19: "[...] 'apagarás a memória de Amalec debaixo dos céus. Não o esqueças'". Tais declarações são o contexto para a ordem de Javé a Saul: "Portanto põe-te em marcha e massacra Amalec! Vota ao extermínio tudo o que lhe pertence, sem poupá-lo. Matarás tanto homens como mulheres, meninos e crianças de peito, bois e ovelhas, camelos e jumentos"[38]. É como se Saul tentasse agir a partir de uma atitude racional que o colocou perigosamente contra o inconsciente. Ele não honrou suficientemente a "influência sagrada" que era a base do Espírito de Javé. Consequentemente, perde a cooperação do inconsciente, e este, ademais, torna-se-lhe hostil e aflige-o com acessos de melancolia, depressão e raiva.

O espírito positivo de Javé é transferido de Saul para Davi, que agora deve ser buscado para acalmar os efeitos do mau espírito de Saul.

> Então os servos de Saul lhe disseram: "Está bem claro que o espírito mau de Deus te assalta. Ordene nosso senhor – nós teus servos estamos às tuas ordens – que procuremos um homem que saiba tocar cítara. Quando vier sobre ti o mau Espírito de Deus, ele vai tocar com sua mão e te sentirás melhor". [...] Desta forma Davi chegou a Saul e se pôs a seu serviço [...] Quando o mau Espírito de Deus se apoderava de Saul, Davi tomava a cítara, sua mão

38. Cf. o excelente ensaio de Myron Gubitz, *Amalek: The Eternal Adversary*, 1977.

> dedilhava as cordas, e Saul se sentia aliviado e melhorava, e o espírito mau se afastava dele (1Sm 16,15-23).

O fato de que a música consegue curar a melancolia de Saul indica a identidade essencial deles. O semelhante cura o semelhante. Davi é o portador do espírito positivo de Javé que só pode ser curado por si mesmo, por assim dizer. Quando um sintoma é provocado pelo si-mesmo, só pode ser curado por uma compreensão consciente de seu significado. O Espírito de Javé tornou-se negativo para Saul poque ele lhe voltara as costas (o inconsciente assume, em relação ao eu, a mesma atitude deste em relação àquele). Davi e sua música representam uma terapêutica mudança de atitude.

Saul significa a primeira fase da monarquia do eu na qual o eu inevitavelmente se identifica com a autoridade arquetípica que lhe é conferida. Davi significa o segundo estágio no qual é superada a tendência à inflação. Idealisticamente, Saul deveria colaborar voluntariamente com a transferência do poder a Davi. Ele não consegue fazer isso porque está identificado com o arquétipo de rei e, conseguintemente, está possuído pelo motivo do poder. Ele deve tentar matar seu sucessor designado.

A constelação Saul-Davi é vista, às vezes, na relação entre pai e filho. O pai temperamental e violento não consegue permitir que se transfira para o filho a autoridade que permitirá ao último alcançar a maturidade. Talvez mais importante seja a referência interior na qual a fase de Saul de desenvolvimento do eu recusa deixar a autoridade à fase de Davi, e provoca sua própria destruição por voluntariosamente apegar-se ao poder.

Com Davi levado ao exílio, Saul, desassossegado pelos filisteus invasores, consulta o espírito do defunto Samuel mediante a bruxa de Endor (1Sm 28,3ss.). Depois que o Espírito positivo de Javé tinha deixado Saul, este perdeu sua conexão com Samuel, o profeta interior. Agora ele tenta recuperá-lo consultando o inconsciente. A mensagem de Samuel é a mesma que havia dado quando estava vivo: Saul deve sofrer a derrota. É a experiência de derrota que Saul se havia recusado a reconhecer. É esta experiência que se encontra entre o eu da primeira fase e o eu da segunda fase (OC 14/2, § 433: "A vivência do si-mesmo significa uma derrota do eu"). Saul, como o arquétipo do primeiro estágio do eu, não consegue aceitar a derrota e, portanto, deve sofrê-la totalmente.

Conforme o espírito de Samuel predisse, Saul foi derrotado na batalha de Gelboé (1Sm 31,1ss.) e cometeu suicídio. Sua morte por suas próprias mãos significa o fato de que o eu da primeira fase já não é viável, e demonstra a afirmação de Javé: "todos os que me odeiam amam a morte" (Pr 8,36). Conforme observa Rivkah Kluger (1974), Saul é uma figura trágica porque não conseguia aceitar conscientemente o sofrimento imposto pela eleição profética. "Ele não foi capaz, como os grandes profetas, de transformar o fato de ser possuído por Deus em devoção a Deus." Outra forma de expressar isso seria dizer que ele falhou em fazer a transição de rei para profeta e, assim, foi uma desgraça para o processo de individuação.

Como o primeiro "rei dos judeus" e primeiro "ungido", Saul está ligado simbolicamente ao Cristo a quem aqueles termos se aplicam. Ambos foram investidos com o Espírito de Javé, e ambos foram abandonados por aquele espírito. O momento do abandono de Cristo aconteceu na cruz, quando Ele gritou, citando o Sl 22,1: "meu Deus, meu Deus, por que me abandonaste?" (Mt 27,46). Este grito desesperado do alto da cruz levou à ideia docética de que o Espírito de Deus desceu sobre o ser humano Jesus no batismo, realizou feitos miraculosos por meio dele e abandonou-o a sofrer sozinho a crucifixão. Jung (1977) diz:

> Cristo viu que toda a sua vida, devotada à verdade conforme sua melhor convicção havia sido uma terrível ilusão. Ele a vivera plenamente, de modo absoluto e sincero; fizera sua experiência honesta, mas ela era, apesar de tudo, uma compensação. Sobre a cruz, sua missão desertou-o. Contudo, pelo fato de a ter vivido tão plena e devotamente, conseguiu chegar ao corpo da ressurreição.

Este paralelo pode ajudar-nos a ampliar nossa perspectiva sobre Saul, que é verdadeiramente uma figura trágica. Uma lenda aponta para a necessidade de honrá-lo mais.

> Um ano depois de Saul e seus filhos terem sido mortos, sobreveio uma fome ao país durante três anos sucessivos. [...] E o Senhor falou-lhe [a Davi]: "É por causa de Saul". [...] Então Davi levantou-se e reuniu os poderosos e sábios de Israel. Atravessaram o Jordão e chegaram a Jabes de Galaad. Ali encontraram os cadáveres de Saul e de Jônatas, que nenhum verme havia consumido. Colocaram-nos em um relicário, cruzaram de volta o Jordão e sepultaram-nos no sepulcro do pai de Saul, Cis, na terra de Benjamim, e executaram todas as ordens do rei. [...] O rei ordenara-lhes levar o caixão de Saul por todo o país de Israel, a cada região e a cada povoado, e prover para que o povo devesse, por toda parte, prestar a devida homenagem aos corpos. Aconteceu que todo o povo e seus filhos e filhas prestaram a homenagem ao corpo do rei e, assim, saldaram sua dívida. Quando o Senhor viu que o povo havia prestado a devida homenagem a seu rei, tornou-se compassivo e enviou a chuva sobre o país (Ginzberg, 1956).

9 Davi

Como segundo rei de Israel, Davi representa o eu da segunda fase. Em contraste com Saul, que era um solitário abandonado, Davi é um homem de muitos emparelhamentos. Quase todos os acontecimentos de sua vida tiveram lugar no contexto de um par: Davi e Golias, Davi e Saul, Davi e Jônatas, Davi e Micol, Davi e Betsabeia, Davi e Natã, Davi e Absalão, e predominante sobre todos eles, Davi e Javé. Esta grande quantidade de pares indica uma capacidade única de engajamento e de diálogo com o "outro", que nos lembra o fato de que a consciência é um produto do número 2. O número 1 é o eu; o número 2 é o inconsciente, o outro, que origina a consciência dos opostos; e o número 3 é a consciência que brota do conflito entre um e dois. Davi, como rei número 2, manifesta as implicações simbólicas daquele número.

Na condição do mais jovem dos oito filhos de Jessé, Davi é um portador de totalidade (oito = dupla quaternidade). Inicialmente, ele é pastor que apascenta as ovelhas de seu pai. No entanto, como Páris, é chamado de sua vida inocente a um destino mais sublime. Este chamado manifesta-se de duas maneiras: 1) Ele é ungido por Samuel (1Sm 16,13) e 2) responde ao desafio de Golias (1Sm 17,32). A capacidade de Davi de aceitar o desafio é evidência do Espírito de Javé que entrou nele quando foi ungido. Dado que ele foi eleito por Javé, ele pode decidir assumir a tarefa. Ele tem o apoio do si-mesmo.

Psicologicamente, podemos entender Golias como símbolo de um complexo considerável (gigantesco) que está tiranizando a personalidade. A capacidade de fazer tal confronto é evidência do potencial do indivíduo para o desenvolvimento ("Eleição") psíquico. De acordo com a lenda (Ginzberg, 1956), Golias era filho de Orfa, a cunhada moabita de Rute, que decidiu não acompanhar Rute e Naomi até Israel (Rt 1,14). Isto sugeriria que o complexo que Davi tinha de enfrentar dizia respeito à sua ancestralidade moabita que veio através de sua bisavó, Rute. Pessoas de herança racial mista são propensas a ter psicologia problemática. Os opostos são particularmente ativados, aumentando o potencial de energia da psique para o bem ou para o mal.

O relacionamento de Davi com Saul começa porque aquele é músico e pode mitigar o estado mórbido de tristeza deste. O simbolismo de Davi aqui se sobrepõe ao de Orfeu. Os salmos, destinados a serem acompanhados pelo saltério, são tradicionalmente atribuídos a Davi. O poder da música e da poesia dos salmos de afetar o inconsciente é maravilhosamente transmitido pela lenda. Gaer diz-nos que "a lenda de como o Rei Davi salvou o mundo de outro dilúvio aparece de diversas formas e é atribuída a vários santos; todas elas, porém, baseiam-se na eloquente exclamação sálmica: 'As águas te viram, ó Deus, as águas te viram e tremeram' (Sl 77,17)" (Gaer, 1966). Um exemplo é o seguinte:

> Quando os operários do Rei Davi começaram a construir a Casa de Deus, cavaram mui profundamente o escoadouro

> para o altar e, inadvertidamente, levantaram o fragmento da Boca do Abismo. Instantaneamente, as Águas das Profundezas começaram a elevar-se para inundar a terra. Davi sabia que, a menos que a Boca do Abismo fosse novamente selada, o mundo seria destruído. Também sabia ele que somente uma pedra com o Nome Inefável sobre ela poderia selar o Abismo. [...] Davi abaixou a pedra com o Santo Nome sobre ele dezesseis mil varas, e selou hermeticamente a Boca do Abismo. Mas logo se descobriu que a terra abaixo havia perdido a umidade e nem mesmo as chuvas seriam suficientes para fazer cultivar as plantações. O Rei Davi, então, compôs quinze salmos, e à medida que cada salmo era completado, as Águas do Abismo subiam mil varas. Quando as águas atingiam mil varas da superfície da terra, ele dava graças a Deus, Aquele que conserva o chão sempre úmido, suficientemente para as plantações, e não permite que o Abismo afunde um iota abaixo, ou erga-se um iota acima, mil varas (Gaer, 1966).

Outra lenda diz que a harpa de Davi tinha cordas feitas das tripas do carneiro sacrificado por Abraão sobre o Monte Moriá, e que essas cordas costumavam vibrar por si mesmas no meio da noite e despertavam Davi para estudar a Torá (Ginzberg, 1956). O poder miraculoso da música de Davi expresso nestas lendas é devido à sua conexão com a psique autônoma. A música, embora tocada pelo eu (Davi), provém da própria deidade transformada (o carneiro de Moriá)[39].

A atitude de Saul em relação a Davi logo tornou-se de franca hostilidade. O eu da primeira fase não pode tolerar a perspectiva de ser suplantado. Davi deve fugir para o deserto, onde vive como um fora da lei e onde vivem "todos os miseráveis,

39. Discuto o Carneiro de Moriá como divindade primitiva em Edinger, 1984.

todos os devedores insolventes e toda sorte de revoltados ou descontentes, e ele tornou-se o seu chefe" (1Sm 22,2). O futuro princípio reinante é uma ameaça ao *status quo* e, durante algum tempo, deve viver como um "forasteiro". Contudo, seu poder de integração central é demonstrado pelo fato de reunir os vários aspectos da psique rejeitados em um todo unificado.

Do ponto de vista psicológico, o período de proscrição é um tempo de grande perigo. O perigo é a identificação com a sombra e a queda na criminalidade. Isto está ilustrado no encontro de Davi com Nabal (1Sm 25). Sem compreender que estava lidando com pura extorsão, Nabal estupidamente recusou o pedido de "presentes" por parte de Davi, e teria sido assassinado por Davi se sua esposa, Abgail, não interviesse. "Nabal" significa tolo. "Ele se chama o Insensato, e realmente é grosseiro" (1Sm 25,25). Davi encontra aqui sua própria sombra grosseira, e se não fosse a intervenção da *anima,* ele teria resvalado para a ostensiva criminalidade, tornando-se uma fatalidade psicológica.

Ao fugir de Saul, Davi refugiou-se entre os filisteus e, uma vez mais, a custo escapou da identificação com a sombra. Ele quase se tornou um traidor para Israel ao juntar-se aos filisteus na batalha contra os israelitas, e foi salvo somente pelos líderes filisteus que não confiaram nele a ponto de permitir-lhe que se juntasse a eles na batalha (1Sm 29,3-5). Em outra ocasião, Davi foi obrigado a fingir loucura (1Sm 21,13ss.). Ultrapassar propositadamente a linha entre a sanidade e a loucura é extremamente perigoso e indica quão próxima a condição de proscrito está da verdadeira psicose.

A relação de Davi com sua primeira esposa, Micol, segue um padrão tipicamente mitológico. Por sua vitória sobre Golias,

Davi ganha a mão da filha do rei. Este é o tema do resgate da *anima* do jugo do pai, correspondendo à história de Jason e Medeia. Micol, em contrapartida, ajuda Davi a escapar de Saul (1Sm 19,11ss.). Mais tarde, novamente, tal como Jason e Medeia, o relacionamento azeda. Micol ridiculariza Davi por dançar diante de Javé à medida que a arca da aliança se aproxima. Micol está claramente enciumada da amável atenção que Davi demonstra a Javé. Como "filha do pai", ela reclamaria aquela atenção para si mesma. A *anima* auxiliadora, portanto, transforma-se em uma Xântipe estéril ("e Micol filha de Saul não teve mais filhos até o dia de sua morte" – 2Sm 6,23). Dado que ela obstruiria a relação do eu com Deus, o eu afasta-se dela.

Um episódio importante na carreira de Davi é seu encontro com Betsabeia:

> Certo dia, à tarde, Davi levantou-se da cama e andava pelo terraço do palácio real, quando avistou do alto do terraço uma mulher que tomava banho; era uma mulher muito bonita. Davi mandou pedir informações sobre a mulher. Disseram-lhe: "É Betsabeia filha de Eliam, mulher do hitita Urias". Sabendo disso, Davi mandou emissários para a trazerem. Ela veio, e ele se deitou com ela, [...] em seguida ela voltou para casa (2Sm 11,2-4).
>
> Na manhã seguinte Davi escreveu uma carta a Joab e a mandou por mãos de Urias. O teor da carta era o seguinte: "Colocai Urias bem na frente, onde a batalha estiver mais violenta, e depois abandonai-o para que seja ferido e morra". Joab, que mantinha a cidade cercada, colocou Urias no setor onde sabia estarem os guerreiros mais valentes. Os combatentes da cidade fizeram uma investida e atacaram Joab; houve algumas baixas entre os soldados e os oficiais de Davi, morrendo também o hitita Urias (2Sm 11,14-17).

> Quando a mulher de Urias soube que o esposo tinha morrido, fez a lamentação fúnebre por ele. Passado o luto, Davi mandou buscá-la, levou-a para sua casa e a tomou por esposa. Ela deu à luz um filho. Mas a conduta de Davi desagradou ao Senhor (2Sm 11,26-27).

Esta é a história de uma projeção da *anima*. Betsabeia casada com Urias corresponde ao tema da *anima* casada com a sombra[40]. Davi ficaria com Betsabeia ao matar Urias, ou seja, pela negação da sombra. Tal projeção da *anima* é uma feliz ilusão paradisíaca que é obscurecida pela realidade. A sombra negada volta como a experiência de culpa do eu.

De acordo com uma lenda,

> Certo dia, enquanto Davi estava em seu aposento a escrever um salmo, Satanás entrou no recinto disfarçado de pássaro. Suas penas eram de ouro puro, seu bico de diamantes e suas pernas de reluzentes rubis. Davi largou seu livro e tentou capturar o pássaro, que ele pensava ter vindo do Jardim do Éden. O pássaro, porém, voou pela janela e pousou no galho baixo de uma árvore em um jardim vizinho. Sob o galho da árvore, uma jovem estava a lavar-se os cabelos. Era Betsabeia, e Davi a tomou tramando a morte de seu marido Urias (Gaer, 1966).

A lenda, como um sonho, salienta o profundo mal em que Davi caiu. Corresponde ao sonho de outro assassino. Em um crime sensacionalista dos começos da década de 1960, uma família inteira de camponeses do Kansas foi assassinada a sangue-frio.

40. Jung diz: "Neste caso, a sombra e a *anima*, por serem ambas inconscientes, contaminam-se mutuamente, o que o sonho representa sob a forma de algo como um 'matrimônio'. Mas se a existência da *anima* (ou da sombra) for reconhecida e compreendida, ocorre uma separação das duas figuras [...]. Com isso a sombra é reconhecida como algo que pertence ao eu, a *anima*, porém, como algo não pertencente ao eu" (OC 12, § 242, nota 120).

O assassino narrou ter tido o seguinte sonho recorrente desde a infância:

> Estou na África, em uma selva. Estou passando por entre as árvores em direção a uma árvore completamente isolada. Nossa! Como cheira mal aquela árvore! Chega a dar-me náuseas aquele mau cheiro. Acontece que é bonita de se ver, tem folhas azuis e diamantes pendurados por toda parte. Diamantes como laranjas, por isso é que estou ali a fim de pegar um cesto de diamantes. Mas eu sei que quando o tentar, no instante em que estender a mão, uma serpente vai cair sobre mim. Uma serpente que vigia a árvore. [...] Eu resolvo, então, arriscar. Tudo somado, maior do que meu medo da serpente é meu desejo de ter os diamantes. Assim, vou pegar um deles, estou com o diamante em minha mão, estou a puxá-lo, quando a serpente pousa em cima de mim. [...] Ela está a esmagar-me, pode-se ouvir minhas pernas a estalar. Agora vem a parte em que começo a transpirar somente ao pensar a respeito. Ela começa a engolir-me. Primeiro os pés. É como afundar em areia movediça. [...] Mas chega um salvador sob a forma de um grande papagaio, mais alto do que Jesus, amarelo como um girassol. [...]
>
> Assim, a serpente, a guardiã da árvore diamantífera, jamais terminava de devorá-lo, mas era, ela mesma, devorada. Em seguida, a feliz elevação! Ascensão a um paraíso que em uma versão era meramente "um sentimento", uma sensação de poder, uma superioridade inexpugnável (Capote, 1965).

Este sonho horripilante tem muitos paralelos com a lenda: joias de sedutora beleza, pássaro, árvore e Jardim do Éden. Ambos, a lenda e o sonho, descrevem a sedução por Satanás, o mal definitivo da possessão pelo princípio do poder.

A referência a Satanás e ao Jardim do Éden na lenda indica que Davi estava revivendo o pecado original. Neste caso, ele não evitou a patente criminalidade, mas foi capaz de fugir ao desastre psíquico mediante profundo arrependimento. Consoante a outra lenda, foi Deus, não Davi, quem provocou seu crime com Betsabeia a fim de que Deus pudesse, em seguida, dizer a outros pecadores: "Vão ter com Davi e aprendam como arrepender-se" (Ginzberg, 1956). Quer a concupiscência assassina de Davi seja atribuída a Satanás, quer a Deus, em ambos os casos as lendas indicam que provém do não-eu. É uma expressão da psique primordial, a que Jung chamou de o "Deus ainda não transformado" (Jung, 1973-1975). Davi, como portador da realeza, tem a tarefa de permitir que ela viva através dele a fim de que possa ser transformada pela consciência.

O arrependimento de Davi está expresso no Salmo 51, o *Miserere:*

> Tem piedade de mim, ó Deus, segundo a tua misericórdia; segundo a tua grande clemência, apaga minhas transgressões!
>
> Lava-me todo inteiro da minha culpa e purifica-me do meu pecado!
>
> Pois reconheço minhas transgressões, e tenho sempre presente o meu pecado
>
> Pequei contra ti, contra ti somente, e pratiquei o mal diante de teus olhos.
>
> Assim serás considerado justo em tua sentença,
>
> [leitura alternativa] incontestável em teu julgamento.
>
> Eis que nasci culpado, e pecador minha mãe me concebeu (v. 1-7).

A frase "Assim serás considerado justo em tua sentença" ("para que possas ser justificado quando falares" – AV) era um problema para Agostinho[41] e, suspeito, para muitos outros comentadores. Agora podemos entender que, nesta passagem, está alvorecendo a surpreendente compreensão de que Deus é justificado pelo ser humano, ou seja, que o eu deve assumir a responsabilidade pelas disposições más do si-mesmo primordial a fim de que ele (o si-mesmo) possa ser transformado.

Natã, o profeta, repreende Davi por seu pecado e anuncia que, como castigo, "Eu [Javé] farei surgir de tua própria casa a desgraça contra ti" (2Sm 12,11). Os males que sobrevieram incluíam o estupro incestuoso de Tamar por Amon, o assassinato de Amon por Absalão e, por fim, a rebelião de Absalão. É como se a Absalão fosse inconscientemente designada a tarefa de vingar o assassínio de Urias, como acontece na tragédia grega. O pecado de Davi contaminou a psique de seus filhos.

Urias apareceu em um sonho importante de Jung. Ele sonhou que estava em um amplo edifício circular, tendo a sede do grande tribunal de um sultão ao centro.

> [...] do centro se erguia uma escada muito íngreme até o alto da parede [...]. No alto da escada havia uma pequena porta. [Então alguém diz a Jung]: "Vou levar-te agora à mais alta presença!" [...]. De repente, soube, [...] que atrás da porta, no alto, numa peça solitária, habitava Urias, o general do Rei Davi. Este último traíra vergonhosamente Urias por causa de Betsabeia, sua mulher. Davi ordenara aos seus soldados que o abandonassem ao inimigo (Jung, 1963).

A propósito deste sonho, diz Jung (1963):

41. Santo Agostinho, *Comentário aos Salmos*, 50, 9.6; 10.7: "para que te justifiques em tuas palavras e venças ao seres julgado". Edinger segue, pelo menos aqui, a numeração da Bíblia Hebraica (Sl 51); Agostinho segue a da Septuaginta (Sl 50) [N.T.].

> O centro é o trono de Akbar o Grande, que reinou num subcontinente, a modo de um "senhor deste mundo", como por exemplo Davi. Mais alto do que este, porém, está situada sua vítima inocente, o fiel general Urias, abandonado ao inimigo. Urias é uma prefiguração do Cristo, do homem-Deus abandonado por Deus. "Meu Deus, meu Deus, por que me abandonaste?" Davi, por outro lado, seduzira a mulher de Urias, e dela se "apropriara". Só mais tarde compreendi a alusão a Urias: não só eu era obrigado a falar publicamente (e em meu "prejuízo") da imagem ambivalente, do Deus do Antigo Testamento e de suas consequências, como também a morte arrebatou minha mulher.

A mesma imagem de Urias mais elevada do que Davi é sugerida por uma lenda.

> Davi foi para o deserto a fim de arrepender-se. [...] Deus veio até ele e disse: "Não serás perdoado até que Urias não te tenha perdoado". O Rei Davi foi ao túmulo de Urias e exclamou: "Urias, Urias! Perdoa-me meus pecados contra ti". [...] "Não me cabe a mim perdoar-te", respondeu Urias, "mas a Deus julgar entre mim e ti". Davi afastou-se do túmulo, inclinou-se em profunda tristeza. Urias subiu para o céu, e lá viu um palácio de grande esplendor, cheio de belas mulheres, de olhos pretos como corvos, preparando-se para um grande banquete. "A quem é destinada toda essa honra?", perguntou Urias. "Para aquele que perdoa a seu irmão mesmo que tenha sido ofendido". "Eu perdoo a Davi seus pecados contra mim", disse Urias (Gaer, 1966).

Durante a rebelião de Absalão, Davi é obrigado a fugir de Jerusalém em direção ao Leste. Durante sua fuga, acontece um notável incidente.

> Quando o rei chegou a Baurim, saiu de lá um homem do clã da família de Saul. Chamava-se Semei e era filho de Gera. Lançava maldições sem parar, enquanto se aproximava. Jogava pedras em Davi e em todos os servos do rei, apesar de toda a tropa e todos os homens de elite estarem à direita e à esquerda de Davi. Semei proferia maldições desse tipo: "Vai-te embora! Vai embora, assassino e patife! O Senhor te faz pagar todo o sangue da casa de Saul, cujo trono usurpaste; o Senhor entregou a realeza nas mãos de teu filho Absalão. Agora estás na desgraça por causa da tua maldade, pois és um homem sanguinário". Então Abisaí filho de Sárvia disse ao rei: "Por que este cachorro morto anda amaldiçoando o meu senhor e rei? Com tua licença vou até lá e corto-lhe a cabeça". O rei respondeu: "Não vos intrometais nos meus assuntos, filhos de Sárvia! Se ele amaldiçoa, e se o Senhor o mandou amaldiçoar Davi, quem pode dizer por que ele o faz?"
>
> E Davi disse a Abisaí e a todos os seus servos: "Vós vedes que meu próprio filho, saído das minhas entranhas, atenta contra a minha vida. Com quanto mais razão um benjaminita! Deixai-o amaldiçoar, pois o Senhor lhe ordenou isso. Talvez o Senhor leve em conta a minha miséria e me restitua o bem em lugar da maldição de hoje" (2Sm 16,5-12).

Davi tem aqui a impressionante intuição de que Javé ordenou que Semei o amaldiçoasse. Psicologicamente, isto significa que *a comoção vem do si-mesmo* e não deveria ser levada para o lado pessoal. No entanto, sua característica altamente contagiosa torna a objetividade muito difícil, e a percepção de Davi é apenas de momento. Em seu leito de morte, Davi diz a Salomão: "Mas agora não o [Semei] deixes impune, pois és prudente e saberás como proceder com ele. Portanto, manda-o para o outro mundo com os seus cabelos brancos ensopados de sangue" (1Rs 2,9).

No meio do reino de Davi, acontece outro exemplo da ambiguidade de Javé. “A cólera do Senhor voltou a inflamar-se contra Israel. Ele incitou Davi contra eles, dizendo: ‘Vai fazer o recenseamento de Israel e Judá’” (2Sm 24,1). No relato paralelo de 1Cr 21,1, afirma-se que Satanás, não Javé, instigou o censo. A contagem do povo era conhecida como sendo um crime contra Javé, suscetível de provocar uma peste em retaliação. Em Ex 30,11, Javé diz: “O Senhor falou a Moisés nestes termos: ‘Quando fizeres a contagem dos israelitas para o censo, cada um oferecerá ao Senhor um resgate por sua vida, para que, ao serem recenseados, não os atinja alguma peste’”. Em pouco tempo Davi lamentou o censo e disse a Javé: “Cometi um grande pecado” (2Sm 24,10). Mas era tarde demais, e Javé enviou a peste sobre o país.

A mentalidade moderna encontra muita dificuldade para compreender o tabu primitivo contra a contagem. No entanto, sua existência difusa está bem estabelecida. Frazer (1923) discute o assunto e dá os seguintes exemplos, entre outros. Determinados nativos africanos receavam contar as crianças por medo de que os espíritos maus pudessem ouvir. Também acreditavam que o gado não deveria ser contado porque isso impediria o crescimento do rebanho. Na Dinamarca havia a crença de que, se os frangos nascidos fossem contados, alguns se perderiam. Consoante à crença alemã, se o dinheiro for contado, diminuirá, e na Escócia, pensava-se que bolos de pão assados em casa não deveriam ser contados porque as fadas sempre comem os bolos que foram contados. Tais superstições indicam que o inconsciente reage negativamente à contagem. A reação de Javé ao censo indica que é particularmente perigoso quando o pensar quantitativo é aplicado ao ser humano. A consciência quantitativa, base da ciência moderna, aliena o eu de sua psique objetiva porque promove o pensamento estatístico, que é antitético à experiência singular do indivíduo[42].

A culminância do reino de Davi é uma promessa única da parte de Javé.

> [...] e agora o Senhor te anuncia que te fará uma casa. Quando chegares ao fim de teus dias e repousares com teus pais, farei surgir depois de ti um descendente teu e confirmarei a sua realeza. [...] Eu serei para ele um pai, e ele será para mim um filho. Se ele proceder mal, eu o castigarei com vara de homens e com açoites humanos. Mas nunca retirarei dele o meu favor, como o retirei de Saul, que eliminei da tua presença. Tua casa e tua realeza serão estáveis para sempre diante de ti; teu trono ficará firme para sempre (2Sm 7,11-16).

Esta promessa foi reafirmada muitas vezes, particularmente nos Salmos; por exemplo, Sl 132:

> O Senhor jurou a Davi fidelidade,
> da qual não se afastará:
> "Colocarei no teu trono
> um de teus descendentes.
>
> Se teus filhos guardarem minha aliança
> e as prescrições que eu lhes ensinar,
> também os filhos deles
> sentarão para sempre no teu trono".
>
> Pois o Senhor escolheu Sião,
> ele a quis como residência:

42. Cf. a discussão de Jung do pensar estatístico em OC 10/1, § 488ss.

"Ela será sempre o lugar do meu repouso,
ali residirei, pois é ela que eu quis.

Abençoarei copiosamente suas provisões
e de pão saciarei seus pobres;
revestirei de salvação seus sacerdotes,
e seus fiéis cantarão de júbilo.

Lá eu farei germinar o vigor de Davi,
prepararei uma lâmpada para meu ungido.
Vestirei de ignomínia seus inimigos,
mas sobre ele florescerá seu diadema" (v. 11-18).

Tanto os comentadores cristãos quanto os judaicos consideram estas passagens como atinentes ao Messias, cujo sinônimo é "Filho de Davi". Conforme o expressa Isaías: "Um broto sairá do tronco de Jessé/, e um rebento brotará de suas raízes./ Sobre ele repousará o espírito do Senhor" (Is 11,1-2). O simbolismo do Messias será discutido mais detalhadamente no último capítulo, mas aqui se pode observar que Davi é seu ancestral, ou seja, o si-mesmo (Messias) é um produto ou consequência do eu da segunda fase. No relacionamento paradoxal entre o eu e o si-mesmo, o si-mesmo é, em parte, criado pelo eu. Esta ação intencional necessária do eu na realização do si-mesmo é sugerida por uma lenda:

> A maior distinção a ser concedida a Davi está reservada para o Dia do Julgamento, quando Deus preparará um grande banquete no Paraíso para todos os justos. Por solicitação de Davi, o próprio Deus estará presente ao banquete e se sentará em seu trono, frente ao qual será colocado o trono de Davi. No fim do banquete, Deus passará a Abraão a taça de vinho sobre a qual se dão graças, com as

palavras: "Pronuncia a bênção sobre o vinho, tu, que és o pai dos piedosos do mundo". Abraão replicará: "Não sou digno de pronunciar a bênção, pois sou pai, também, dos ismaelitas, que inflamam a ira de Deus". [...] [Deus, então, oferece o cálice, sucessivamente, a Isaac, Jacó, Moisés e Josué, cada um dos quais considera a si mesmo indigno]. Finalmente, Deus se voltará para Davi com as palavras: "Toma do cálice e dize a bênção, tu, o mais meigo cantor em Israel e rei de Israel". Davi responderá: "Sim, pronunciarei a bênção, pois sou digno da honra". Então Deus tomará a Torá e lerá várias passagens dela, e Davi recitará um salmo no qual tanto os piedosos, no Paraíso, quanto os maus, no inferno, se juntarão em um sonoro Amém. Em seguida Deus enviará seus anjos para conduzir os ímpios do inferno ao Paraíso (Ginzberg, 1956).

10 Salomão

Salomão, filho de Davi e Betsabeia, sucedeu a Davi no trono como o último rei da monarquia unida. Ele é, assim, o terceiro e último termo na sequência: Saul, Davi, Salomão.

Simbolicamente, uma sequência temporal de três refere-se aos opostos e à sua resolução: tese, antítese, síntese. O reinado de quarenta anos de Salomão, em toda a sua glória, é a realização da monarquia unida. Ele tornou-se figura legendária, caracterizada principalmente por sua riqueza e sabedoria, pelo templo e palácio que construiu, e por suas relações com a rainha de Sabá. Tradicionalmente lhe é também atribuída a autoria de Provérbios, Eclesiastes e Cântico dos Cânticos[43].

O excepcional dom de sabedoria de Salomão é estabelecido no começo do relato bíblico com uma descrição de seu sonho:

> Em Gabaon o Senhor apareceu a Salomão em sonho durante a noite e Deus lhe disse: "Pede o que te devo dar". Salomão respondeu: [...] "Dá ao teu servo um coração atento para julgar o teu povo e discernir entre o bem e

43. A tradição católica atribui a Salomão também a autoria do Livro da Sabedoria, que não consta do cânone protestante [N.T.].

> o mal. Pois quem poderia governar este teu povo tão numeroso?"
>
> O Senhor gostou que Salomão tivesse feito tal pedido. Por isso, Deus lhe respondeu: "Já que pediste estes dons e não pediste para ti longos anos de vida, nem riquezas, nem a vida dos teus inimigos, mas pediste o discernimento para ministrar a justiça, cumprirei o teu pedido. Eu te dou um coração tão sábio e prudente como não houve nenhum outro antes de ti e nem haverá depois. Dou-te também o que não pediste, tanta riqueza e glória, em toda a tua vida, como jamais houve entre os reis" (1Rs 3,5-13).

Salomão é uma personificação do arquétipo da sabedoria, e todos os seus principais atributos pertencem a seu simbolismo. Templo, palácio, riqueza, glória e a rainha de Sabá são todos aspectos deste arquétipo.

> Deus concedeu a Salomão sabedoria e inteligência extraordinárias e uma mente aberta como as praias à beira-mar. [...] Discorreu sobre as árvores, desde o cedro do Líbano até o hissopo que cresce nos muros, e falou também sobre quadrúpedes, aves, répteis e peixes (1Rs 5,9.13).

Na lenda, esta passagem é interpretada significando que Salomão podia falar *a* plantas, animais, pássaros e répteis (Ginzberg, 1956; Gaer, 1966), ou seja, que, igual a São Francisco, ele estava em comunicação com os níveis naturais da psique. Sua conexão com o instinto natural está ilustrada por sua famosa reação às duas mulheres que reclamavam a mesma criança (1Rs 3,16ss.). Outro exemplo vem da lenda:

> Outro enigma que foi apresentado a Salomão para que o resolvesse foi como distinguir entre um ramalhete de flores naturais e um de flores artificiais sem sair de seu assento para examiná-las. O rei ordenou que as janelas do

> ambiente fossem abertas, e as abelhas, entrando, pousaram sobre as primeiras e ignoraram as últimas (Dummelow, 1975).

O templo e o palácio de Salomão podem ser considerados sinônimos simbólicos da sabedoria. A iluminura *Aurora Consurgens* fala da "casa do tesouro que a sabedoria construiu sobre uma rocha".

> A sabedoria construiu para si uma casa: se qualquer ser humano nela entrar, será salvo e encontrará pastagens, conforme o atesta o profeta: saciam-se da abundância de tua casa (Sl 36,9), pois um dia em teus átrios vale mais que mil que eu poderia ter escolhido (Sl 84,11). Felizes os que habitam em tua casa (Sl 84,5) (Von Franz, 1966).
>
> A beleza de sua casa não pode ser descrita; seus muros e ruas são do mais puro ouro, e seus portões reluzem com pérolas e pedras preciosas (Ap 21,10ss.), e seus pilares são catorze, contendo as principais virtudes de toda a fundação (Von Franz, 1966).

Na alquimia, "'a casa do tesouro' [...] da Filosofia, a qual é sinônimo do *aurum philosophorum*, e respectivamente do *lapis*. [...] Zózimo [...] descreve o *lapis* como um templo de mármore branco e radiante" (OC 14/1, § 2, nota 9). A função de Salomão como construtor expressa a natureza *construtiva* da sabedoria, ou seja, da consciência baseada no si-mesmo[44]. A *Aurora* diz a respeito da sabedoria:

> Nada é mais precioso na natureza do que ela, e Deus também não a designou para ser comprada por um preço. Ela é o que Salomão escolheu para possuir em vez da luz, e acima de toda beleza e saúde. [...] Seu fruto é mais pre-

44. "Se o Senhor não construir a casa, em vão trabalham os seus construtores" (Sl 127,1).

> cioso do que todas as riquezas deste mundo, e todas as coisas que são desejadas nada são comparadas a ela. [...] Ela é uma árvore da vida para aqueles que se apegam a ela, e uma luz indefectível. Felizes serão os que a conservam, pois a ciência de Deus jamais perecerá. Para aquele que encontrou esta ciência, ela será seu legítimo alimento para sempre (Von Franz, 1966).

De acordo com a lenda, as operações de construção de Salomão foram possibilitadas por uma criatura miraculosa chamada o *shomeer*.

> De acordo com alguns sábios, o *shomeer* era um verme do tamanho de um grão de trigo, que tinha o poder de derrubar árvores e rachar montanhas em lajes de pedra. Esses sábios dizem que o *shomeer* foi conservado em lã, no Jardim do Éden, até que Salomão estivesse pronto para construir a Casa de Deus. Então uma águia foi enviada para levá-lo aos construtores.
>
> Outros sábios alegam que o *shomeer* era uma pedra azul, do tamanho de uma pequena joia. Onde quer que fosse colocada, e o Nome Inefável fosse sussurrado, a rocha sob ela se romperia na forma e tamanho desejados. [...] Mas ninguém conhecia o esconderijo do *shomeer*, a não ser Asmodeus, rei dos demônios, que vivia nas Montanhas da Escuridão (Gaer, 1966).

Mediante astúcia, o segredo foi extraído de Asmodeus e o *shomeer* foi obtido para a construção do templo. Após a conclusão, o *shomeer* foi devolvido ao Guardião do Abismo, que "o sepultou no Mar Insondável. Dali, ninguém pode obtê-lo senão o próprio Criador" (Gaer, 1966).

A associação do *shomeer* com Salomão indica que aquele faz parte do simbolismo da sabedoria. Sua capacidade de dividir e modelar matéria indiferenciada confere-lhe a propriedade de uma espada e liga-o aos poderes de *separatio* do Logos (Edinger, 2006). Como um verme, ele é a mais ínfima vida primordial. Como joia azul, é do mais elevado valor celestial. Como pedra, é análogo à Pedra Filosofal, e comparável a ela, é uma união de opostos. Residia inicialmente no Jardim do Éden, vale dizer, pertencia ao si-mesmo primordial; contudo, depois de ser usado, voltou ao abismo do mar insondável, às profundezas do inconsciente. A capacidade de cortar e modelar matéria indiferenciada produz transformação psíquica. A libido informe, ligada à ignorância ou à matéria vegetativa (pedra e madeira) é libertada e disponibilizada para a psique cultural. Este tema aparece, por exemplo, em sonhos com árvores derribadas, as quais frequentemente se referem à dissolução de um relacionamento que envolve identificação inconsciente, libertando a libido para funcionamento mais diferenciado.

A rainha de Sabá

Um acontecimento simbólico fundamental na saga de Salomão é seu encontro com a rainha de Sabá[45]. O relato canônico é como segue:

> A rainha de Sabá ouviu falar da fama de Salomão e veio submetê-lo à prova com enigmas. Chegou a Jerusalém com grande comitiva, com camelos carregados de bálsamo e enorme quantidade de ouro e pedras preciosas. Quando entrou no palácio de Salomão, expôs-lhe tudo o que a preocupava. Mas Salomão soube responder a todas

45. Para esta seção, sou grato ao excelente ensaio de Rivkah Schärf Kluger, "The Queen of Sheba in Bible and Legends", 1974.

> as perguntas e não houve nenhuma tão obscura que o rei não pudesse esclarecer.
>
> Quando a rainha de Sabá viu toda a sabedoria de Salomão, o palácio que tinha construído, os manjares da mesa, os cortesãos sentados em ordem à mesa, o desempenho garboso e os uniformes dos serventes e copeiros e, finalmente, os holocaustos que oferecia no Templo do Senhor, ela ficou pasmada e disse ao rei: "Realmente era verdade o que ouvi no meu país a respeito de ti e da tua sabedoria. Não acreditava no que se dizia, até que eu vim e vi com os meus próprios olhos. Mas vejo que não me contaram nem a metade. De fato, a tua sabedoria e riqueza ultrapassam a fama que chegou a meus ouvidos. Feliz é tua gente e estes servos que estão constantemente a teu serviço e ouvem a tua sabedoria. Bendito seja o Senhor teu Deus que te quer bem e por isso te colocou no trono de Israel. É porque o Senhor nutre um amor eterno para com Israel que te estabeleceu rei, para fazeres valer o direito e a justiça".
>
> Ela deu ao rei quatro mil quilos de ouro, enorme quantidade de bálsamo e pedras preciosas; nunca mais veio tamanha quantidade de bálsamo como a que a rainha de Sabá deu ao Rei Salomão.
>
> [...]
>
> Por seu turno o Rei Salomão presenteou a rainha de Sabá com tudo o que ela desejava e pedia, sem falar dos outros presentes que lhe deu, como só os podia fazer a mão do Rei Salomão. Em seguida ela partiu, voltando com a comitiva para sua terra (1Rs 10,1-10.13).

O relato bíblico foi ricamente amplificado ao longo dos séculos pela lenda. Por exemplo, Ginzberg (1956) apresenta o seguinte relato:

[A poupa havia informado a Salomão que ela havia encontrado um país desconhecido] que não está sujeito ao rei meu senhor. [...] Suas árvores datam do começo de todos os tempos, e sugam água que flui do Jardim do Éden. A cidade está apinhada de homens. Sobre as cabeças, usam guirlandas, coroados no Paraíso. Não sabem lutar, nem atirar com arco e flecha. Seu soberano é uma mulher, chamada a rainha de Sabá. [Salomão envia uma carta a Sabá por meio da poupa, solicitando-lhe visitá-lo e prestar-lhe homenagem, e no tempo devido, ela chega.]

Benaia conduziu a rainha até Salomão, que tinha ido sentar-se em uma casa de vidro para recebê-la. A rainha foi enganada por uma ilusão. Ela pensava que o rei estava sentado na água, e à medida que ela atravessava em direção a ele, levantou seu vestido para conservá-lo seco. Em seus pés descalços, o rei notou pelos, e disse-lhe: "Tua beleza é a beleza de uma mulher, mas teu pelo é masculino; pelo é ornamento para um homem, mas desfigura uma mulher".

Então a rainha começou e disse: "Ouvi a respeito de ti e de tua sabedoria; se, agora, indago de ti a respeito de um assunto, responder-me-ás?" Ele replicou: "O Senhor dá a sabedoria, de sua boca vem o conhecimento e o entendimento". Ela, então, disse-lhe:

1. "Sete são os que expelem e nove os que entram; dois produzem o gole e um bebe". Disse-lhe ele: "Sete são os dias da impureza de uma mulher, e nove são os meses de gravidez; dois são os seios que produzem o gole, e um é a criança que o bebe". Ao que ela lhe disse: "Tu és sábio".

2. Então ela continuou a questioná-lo: "Uma mulher disse a seu filho: 'Teu Pai é meu pai, e teu avô é meu marido; tu és meu filho, e eu sou tua irmã'". "Certamente", disse ele, "foi a filha de Ló que falou assim a seu filho".

> 3. Ela colocou vários varões e várias fêmeas da mesma estatura e vestimenta diante dele e disse: "Distingue entre eles". Imediatamente ele fez um sinal aos eunucos, que lhe trouxessem certa quantidade de nozes e de espigas de milho assadas. Os machos, que não eram acanhados, pegaram-nas com mãos nuas; as fêmeas pegaram-nas, estendendo as mãos enluvadas por debaixo de suas vestes. Ao que ele exclamou: "Aqueles são os machos, estas são as fêmeas". [Os enigmas continuaram até um total de 22.]

Ficamos sabendo pela lenda que o reino da rainha de Sabá é uma parte do paraíso original, ou seja, a *anima* reside no estado original da totalidade inconsciente, o estado da natureza. Outras lendas descrevem o mesmo fato negativamente, quando dizem que a rainha de Sabá habita o reino dos demônios. Quando o eu está identificado com o espírito, a natureza torna-se testemunha demoníaca, razão por que Pã e Dionísio foram reformulados como versões do diabo pela mentalidade cristã. No relato bíblico, a rainha de Sabá vem até Salomão por iniciativa própria, indicando que a *anima* deseja uma conexão com a consciência. A natureza quer ser iluminada pelo espírito. Na lenda, Salomão toma a iniciativa. Ele tem uma intuição (a poupa [pássaro]) de que seu domínio não é completo, e o mote de seu poder é provocado.

Do ponto de vista psicológico, o relato do encontro narrado na lenda é muito interessante. Salomão recebeu Sabá em uma "casa de vidro". Quando a rainha pôs o pé no chão de vidro, pensando que era água, levantou a saia e revelou um pé peludo. De acordo com algumas versões, era um pé de cabra. A casa de vidro de Salomão está ligada simbolicamente à sua tradicional sabedoria. O vidro simboliza a consciência. Sua transparência e sua função especular representam a capacidade refletora do autoconhecimento conforme estimulada pela visão transparente do espírito objetivo, abstrato. Sabá, submetida ao escrutínio do espírito, revela seu resíduo de natureza não humanizado, que indica que ela é ao mesmo tempo parte animal e parte masculina. O estado original da natureza dos opostos não diferenciados ainda existe nela[46]. Em outras versões, o encontro de Sabá com Salomão transforma e humaniza o pé dela. O encontro com Salomão, como a personificação do espírito, liberta-a de seu resíduo andrógino e demoníaco.

Sabá, por sua vez, exerce uma influência em Salomão. No relato bíblico "ela veio submetê-lo à prova com enigmas". Na lenda, isso se torna uma série de 22 enigmas. O tema arquetípico do teste mediante enigma é disseminado. Já observamos esta imagem na história de Sansão (Jz 14). James A. Kelson menciona outros exemplos:

> Há lendas gregas modernas nas quais a falha em resolver um enigma custa a vida à pessoa. Um monstro, que vive em um castelo, propõe um enigma e dá 40 dias para sua solução. Infeliz é a pessoa que falha, pois o monstro a devora. A semelhança com a história da Esfinge é evidente. No Mahabharata, a lenda assume outra forma: o herói Yudhishthira liberta dois irmãos dos grilhões de um monstro mediante a solução de um enigma. Lendas teutônicas são de importância semelhante: na assim chamada *Wartburg-Krieg* (a Guerra de Wartburg), há uma competição mortal de enigmas entre Odin e o gigante Wafthrundhnir, e outra ocasião foi imortalizada por Schiller (Turandot)[47].

---

46. No *Zohar*, a rainha de Sabá é identificada com Lilit (Kluger, 1974).
47. Artigo no verbete "Riddle," como citado em Hastings, *Encyclopaedia of Religion and Ethics*, vol. 10, 1922.

O excepcional exemplo é o enigma da Esfinge, que Édipo foi solicitado a desvendar sob o risco de sua vida. A vitória de Édipo contra a Mãe Natureza era apenas aparente. Ela capturou-o por trás, por via de sua tendência incestuosa inconsciente. Jung escreve:

> Pensando ter vencido a Esfinge, procedente da deusa materna, ao resolver seu enigma simples até para uma criança, Édipo incorreu justamente no incesto materno. [...] Sobrevieram então todas aquelas consequências trágicas que teriam sido evitadas se Édipo se tivesse deixado intimidar pela perigosa figura da Esfinge. Ela representa formalmente a mãe "terrível" ou "devoradora" (OC 5, § 264).
>
> É claro que um fator desta ordem não se resolvia com a solução de um enigma infantil. O enigma era justamente a cilada que a Esfinge armava ao peregrino. Superestimando sua inteligência, ele caiu em cheio na armadilha e cometeu, sem o saber, o sacrilégio do incesto. O enigma da Esfinge era *ela mesma*, a imagem terrível da mãe, pela qual Édipo não se deixou advertir (OC 5, § 265).

Salomão sofreu destino semelhante ao de Édipo, visto que a Bíblia nos diz: "Quando Salomão ficou velho, suas mulheres desviaram o seu coração para deuses estranhos, de modo que seu coração já não pertenceu integralmente ao Senhor seu Deus [...]. Salomão foi atrás de Astarte" (1Rs 11,4-5). Por outras palavras, Salomão perdeu seu compromisso com o princípio do espírito masculino e voltou à psicologia da "natureza" matriarcal. O Antigo Testamento retrata um estágio inicial do desenvolvimento psicológico, no qual o contraste entre os princípios masculino e feminino é altamente polarizado, e onde prevalece uma psicologia do tipo ou/ou. Contudo, o simbolismo subjacente à história de Salomão-Sabá, especialmente na medida em que é elaborada em lenda, aponta adiante para uma *coniunctio* definitiva de princípios coiguais.

O encontro entre Salomão e a rainha de Sabá, como o encontro entre Édipo e a Esfinge, representa um encontro de natureza e espírito. Para Salomão é um suplício provar e purificar a habilidade da consciência discriminatória. Para Sabá, trata-se da oportunidade para a humanização e redenção de seu resíduo bestial e demoníaco. Na psicologia feminina, isto significa a humanização do princípio feminino mediante um relacionamento consciente com o *animus*. Rivkah Kluger (1974) expõe-no bem:

> Se uma mulher se liberta da possessão do *animus,* unindo-se a ele como mulher, em vez de *ser ele*, isto é, *relacionando-se com o espírito, juntamente com seu sentimento feminino*, torna-se a um tempo mais conscientemente masculina, ao aceitar e ao desenvolver sua masculinidade, e mais feminina, porque o *animus* acolhido já não subjuga sua feminidade, distorcendo-a ou destruindo-a.
>
> [...]
>
> Hoje em dia, devido ao evidente lado sombrio do pensamento patriarcal, existe a tendência a desprezar o patriarcado e a idealizar o matriarcado. Contudo, não se deveria esquecer de que o lado sombrio das origens matriarcais é o caos, um pântano indiferenciado que anseia por redenção, um ciclo eterno de morte e nascimento recorrentes, do qual não teria resultado nenhum desenvolvimento sem a irrupção do novo princípio do Espírito. A meta desejável, conforme aparece nos mitos e lendas [...], bem como em sonhos, não é um "mundo-mãe" em contraste com um "mundo-pai", mas a *coniunctio* de feminino e masculino.

Na psicologia masculina, a transformação da rainha de Sabá refere-se à humanização de sua *anima*-natureza primitiva. Em razão da natureza fluida do imaginário inconsciente, a rainha de Sabá é, ao mesmo tempo, conteúdo carente de transformação e agente de transformação. De um lado, ela vem a Salomão para ser impactada por sua sabedoria; de outro, ela personifica a própria Sabedoria. Ela evoca a sabedoria de Salomão por seus enigmas e também traz-lhe a sabedoria que o capacita a responder, pois a Sabedoria é solucionadora dos enigmas, conforme no-lo diz Sb 8,8:

> Se alguém deseja vasta experiência,
> ela conhece o passado e entrevê o futuro,
> penetra a sutileza das máximas e resolve os enigmas,
> vê de antemão os sinais e prodígios
> e os resultados dos momentos e dos tempos.

Mt 12,42 liga o encontro de Salomão com Sabá ao Julgamento Final: "No dia do juízo, a rainha do Sul vai levantar-se contra esta geração e a condenará. Porque ela veio dos confins da terra para ouvir a sabedoria de Salomão, e aqui está alguém maior do que Salomão".

A figura da rainha de Sabá foi usada pelos Padres da Igreja. Von Franz (1966) escreve:

> Na literatura patrística, a rainha de Sabá era uma prefiguração de Maria. De um lado, na hermenêutica dos Padres da Igreja, a rainha do Sul era igualmente uma imagem da Igreja como a "rainha" e "concubina" de Cristo, que era chamado de "Rei do Sul". Sem dúvida, essa figura feminina era até mesmo identificada com o próprio Deus, que "sairá com os redemoinhos do Sul". O vento austral é também um símbolo do Espírito Santo, que faz as mentes dos eleitos fervilhar, "para que possam realizar quaisquer coisas boas que desejarem". A equação do Espírito Santo com o vento meridional é presumivelmente devida, con-

forme ressalta Jung (OC 12, § 473), à propriedade quente e seca desse vento. O Espírito Santo é ardente e provoca exaltação. Ele aquece todas as coisas com o fogo do amor. De acordo com Gregório Magno, o "sul" significa "aquelas profundezas insondáveis do país celestial, que são preenchidas com o calor do Espírito Santo".

O relato bíblico do encontro entre Salomão e a rainha de Sabá acena a uma *coniunctio* entre a natureza e o espírito, mas que não é realizada. A história termina com a rainha retornando a seu próprio país. Conforme Kluger (1974) o exprime, "é apenas *uma promessa* de cura da ruptura. [...] Era o privilégio de um tempo muito posterior produzir o florescimento espiritual da *coniunctio* entre a rainha de Sabá e o Rei Salomão em sua forma mais profunda, ou seja, na alquimia". Os alquimistas usavam as figuras de Salomão e Sabá como personificações dos opostos que devem estar unidos no processo alquímico de transformação. Por exemplo, o texto diz:

> Já tens a virgem Terra, dá-lhe um esposo adequado! Ela é a rainha de Sabá, e por isso precisa de um rei coroado com um diadema – donde o tomaremos? Vemos que o Sol celeste comunica seu brilho aos outros corpos, de modo semelhante também o fará o sol terrestre, se ele for colocado num céu condizente com ele, que é chamado "rainha de Sabá", a qual veio das extremidades da Terra para ver a magnificência de Salomão; assim deixou nosso *Mercurius* suas terras e revestiu-se (*induta*!, vestida) com suas vestes brancas mais belas e se submeteu a Salomão e a nenhum outro estranho (*extraneo*) e impuro (OC 14/2, § 198).

Este texto diz respeito à *coniunctio* entre o Sol e a Lua, expressa neste caso como união entre o sol (Rei Salomão) e o céu "mercurial" que o contém (rainha de Sabá). Sabá é, assim, o *medium* dentro do qual o sol do Rei Salomão pode brilhar. "Esse meio é da natureza do *Mercurius*, aquele ser paradoxal, cujo único sentido deve ser pesquisado, por ser ele o inconsciente" (OC 14/2, § 199). Conforme Jung nos diz: "a união dos opostos é um processo que transcende nossa consciência e em princípio é inacessível à explicação científica" (OC 14/2, § 207).

Contudo, tal processo pode ser sugerido por uma imagem simbólica, tal como o encontro entre Salomão e Sabá. O *Rosarium* refere o Rei Salomão a dizer: "esta é a filha, por cuja causa a rainha do Sul, como se conta, veio do nascer do Sol como a aurora que surge, para ouvir, para compreender e para ver a sabedoria de Salomão" (OC 14/2, § 207). Jung observa:

> A rainha de Sabá, a *Sapientia* (Sabedoria), a Arte Régia e a "Filha dos Filósofos", todas elas se misturam para que se torne visível o psicologema em que se baseiam: A arte é a rainha do coração do *artifex* (artífice), ela lhe é mãe, amada e filha ao mesmo tempo, e em sua arte e em suas alegorias se desenrola seu próprio drama psíquico, seu processo de individuação (OC 14/2, § 208).

A *coniunctio*, que é apenas acenada na história de Salomão e Sabá, recebe sua plena expressão bíblica mais tarde no Cântico dos Cânticos.

11 Profetas e reis

Salomão não alcançou a *coniunctio* superior indicada pelo simbolismo alquímico; mas, ao contrário, sucumbiu à *coniunctio* inferior[48], que resultou em uma regressão. "Suas mulheres desviaram o seu coração para deuses estranhos" e "foi atrás de Astarte" (1Rs 11,4-5). Em reação, depois de sua morte, Javé levou o reino dele a dividir-se em uma parte norte, Israel, governada por Jeroboão, e uma parte sul, Judá, sob o filho de Salomão, Roboão. Este acontecimento é psicologicamente significativo. A caminho da unidade consciente, a unidade inconsciente deve ser dividida em duas, conforme evidenciado pelo tema dos irmãos hostis. No processo de desenvolvimento o Um arquetípico é seguido pelo Dois arquetípico. Jung escreve:

> O *uno* ainda não é propriamente um número, o que só acontece a partir do dois. O *dois* é o primeiro número, e o é precisamente porque, com ele, dá-se uma separação e uma multiplicação, somente então começa o processo de contar. O dois faz com que ao lado do *uno* surja um *outro*. [...] que se diferencia. [...] O "uno", porém, sempre tende a manter sua unicidade e seu isolamento, ao passo que a

48. Para a distinção entre a *coniunctio* inferior e a superior, cf. Edinger, 2006.

> tendência do "outro" é ser justamente "outro" em relação ao uno. [...] Daí resulta uma tensão antitética entre o *uno* e o outro. Qualquer tensão desse tipo, porém, leva a uma espécie de evolução, da qual resulta o *terceiro* termo. Com a presença do terceiro termo, desfaz-se a tensão e reaparece o *uno* perdido (OC 11/2, § 180).

O tema da divisão em dois acontece de forma abortada na história dos Estados Unidos, que tem muitas similaridades com a história de Israel. Os primeiros colonizadores pensavam na América como a nova Canaã (Bercovitch, 1975). Inicialmente houve um êxodo da Europa e uma perigosa travessia do mar. Durante o período colonial o país era uma multiplicidade de unidades como no período dos Juízes. Isto foi seguido pela federação e pelo estabelecimento de uma autoridade central. A secessão dos estados do Sul, em 1861, ameaçava uma divisão em dois, o que só foi evitado por uma sangrenta guerra civil.

Elias

Em primeiro lugar, encontramos Elias quando anuncia ao Rei Acab uma seca de três anos e meio, uma das consequências da ira de Javé pela introdução do culto a Baal. "Pela vida do Senhor Deus de Israel, a cujo serviço estou, nestes anos não cairá orvalho nem chuva, a não ser quando eu falar" (1Rs 17,1). Em Lv 26,19, Javé diz: "se nem depois disso me obedecerdes, [...]. Quebrarei o orgulho de vossa força, tornarei o céu duro como ferro e vossa terra dura como bronze". Em Ag 1,9-10: "por causa de meu Templo que está em ruínas, enquanto vós correis cada um para a própria casa. Por isso, o céu negou a chuva e a terra negou os frutos". No Apocalipse, a seca de três anos e meio faz parte do Último Julgamento. É proclamado: "enviarei minhas duas testemunhas para profetizarem durante mil e duzentos e sessenta dias" (Ap 11,3). Estas testemunhas, "elas têm poder de fechar o céu, para a chuva não cair durante a sua missão profética" (Ap 11,6)[49].

Estas passagens podem ser compreendidas como referentes ao fato de a "água divina" do si-mesmo ser sonegada ao eu, significando uma alienação entre o eu e o si-mesmo (Edinger, 2020) do país como um todo. Para Elias, cujo contato com Javé permanecia intacto, o tempo da seca era a ocasião para manifestações especiais do si-mesmo. Como aos israelitas no deserto (Ex 16,8-12), a Elias levava-se carne ao entardecer, e pão pela manhã (1Rs 17,6)[50], e o tema da provisão miraculosa prossegue com o pote de farinha e o jarro de óleo da viúva, que se reabastecem com o uso. Tais eventos referem-se ao fato psicológico de que o alimento do si-mesmo só se torna visível em tempos do vazio do eu. É o momento em que as reservas transpessoais de energia são abertas. "Onde existe o perigo, cresce também o poder de resgate" (Hölderlin, *Patmos*, v. 3-4).

A reação da viúva a Elias por ocasião da doença de seu filho é instrutiva. "O que tenho eu a ver contigo, homem de Deus? Vieste à minha casa para lembrar a minha falta e causar a morte de meu filho?" (1Rs 17,18). Conforme nos diz uma nota: "a mulher atribui sua desgraça à interferência de Elias;

---

49. As "duas testemunhas" foram associadas a Moisés e a Elias, as duas testemunhas da transfiguração (Ap 11,4, BJ nota k).

50. Segundo o texto bíblico hebraico, os corvos traziam pão *e* carne (*lehem uvasar*) tanto de manhã como de tarde. O autor cita o texto da *Jerusalem Bible*, publicado em 1966, em Liverpool, que nesta passagem segue a Septuaginta, segundo a qual a carne era levada ao entardecer, e o pão pela manhã. As edições da *Bible de Jérusalem* seguem ora o texto massorético, ora o texto grego. A edição da *Bíblia de Jerusalém* bem como a da Vozes segue o texto massorético [N.T.].

um homem de Deus é como uma testemunha: por sua presença as faltas ocultas são reveladas e atraem o castigo" (1Rs 17,18, BJ nota a). Isto descreve um dos efeitos do si-mesmo constelado em si mesmo ou em outra pessoa. Visto que é uma manifestação da totalidade, ela desafia todos os complexos reprimidos ou dissociados. Um indivíduo que tem uma conexão consciente com o si-mesmo, uma vez que há uma reconciliação dos opostos dentro dele, tem probabilidade de promover a harmonia em seu ambiente. Contudo, para uma pessoa com uma psique altamente polarizada, inconsciente de sua própria sombra, a presença de uma consciência maior pode ser muito ameaçadora, porque ele agora se sente responsável por sua sombra.

Em 1Rs 18,30-40 dá-se uma grande competição entre Elias e os sacerdotes de Baal. Elias desafia os sacerdotes a trazer um novilho sacrifical a um altar sobre o Monte Carmelo; Elias fará o mesmo, e eles competirão para ver quem pode invocar fogo do céu para consumir seu sacrifício. "Invocai o nome de vosso deus, ao passo que eu invocarei o nome do Senhor. O Deus que responder com o fogo, este é o Deus verdadeiro" (v. 24). Elias é o vencedor. "Então caiu o fogo do Senhor, que devorou o holocausto [...]. À vista do espetáculo, todo o povo se prostrou" (v. 38-39). À ordem de Elias, então, as pessoas agarram os profetas de Baal e ajudam Elias a degolá-los.

Psicologicamente, esta surpreendente história pode ser compreendida como retratando Elias a incitar o populacho inflamado a executar sumariamente os sacerdotes de Baal. A capacidade de invocar fogo do céu se refere à evocação do impacto transpessoal. Quando isso é feito em contexto coletivo é um ato de demagogia. Jogar com as paixões (arquetípicas) coletivas de uma multidão cria o fogo de Javé e transforma o grupo em turba vingativa que põe em ato, de maneira inconsciente, coletiva, a ira de Javé. Os sacerdotes de Baal massacrados se tornam, portanto, de fato, o holocausto a Javé.

De modo bastante compreensível, Jezabel estava aborrecida pelo assassínio de seus sacerdotes, e ameaçou Elias com o mesmo destino. Elias cavalgava nas alturas depois da grande demonstração de seu carisma, tão alto, de fato, que "ele cingiu-se e foi correndo na frente de Acab até a entrada de Jezrael" (1Rs 18,46). Mas a ameaça de Jezabel fez com que ele colocasse os pés na realidade. Ele fugiu para salvar-se a vida e caiu em uma depressão suicida. Mediante a orientação de Javé, foi conduzido pelo deserto, a expressão exterior de seu estado interior, até alcançar o Monte Horeb (Sinai), recapitulando, assim, a jornada original dos israelitas para o Sinai. À chegada, ele repete a experiência de Moisés ao encontrar Javé ali, que vem até ele no "sussurro de uma brisa suave e amena" ("uma vozinha serena", AV; "um baixo som murmurante", NEB). A surpreendente tarefa confiada a Elias é a de fomentar assassinato e rebelião. Esta missão foi realizada posteriormente por Eliseu (cf. adiante).

A realização mais espetacular de Elias foi sua ascensão final ao céu. "[...] apareceu de repente um carro de fogo com cavalos também de fogo [...] e Elias subiu para o céu no turbilhão" (2Rs 2,11). Esta é uma imagem da *sublimatio*, uma translação para uma esfera superior. Uma entidade concreta, pessoal (eu) é espiritualizada, eternizada, transformada em matéria celestial (Edinger, 2006).

Baseando-se nesta ascensão direta ao céu, apareceram muitas histórias atinentes a Elias como uma figura eterna, que jamais provou a morte. No livro do Profeta Malaquias, Javé diz:

> Vou enviar-vos o Profeta Elias antes que chegue o dia do Senhor, grande e terrível. Ele fará voltar o coração dos pais para os filhos e o coração dos filhos para os pais, para que eu não venha ferir o país com extermínio (Ml 3,23-24).

A partir desta passagem, o Livro do Eclesiástico acrescenta: "Feliz aquele que te vir antes de morrer" (48,11, NAB). O Novo Testamento retoma a afirmação de Malaquias e identifica Elias com João Batista, o precursor de Cristo (Lc 1,7; Mt 11,14; 17,10-13). Elias também aparece com Cristo na Transfiguração.

A figura de Elias assume grande importância na lenda judaica e na crença popular. De acordo com Patai (1979),

> Elias difere-se de todas as demais figuras bíblicas nisso que somente ele permaneceu vivo na crença popular, uma personalidade carismática que acompanha com profunda preocupação paternal o destino de Israel em geral e de cada indivíduo judeu em particular. Diz-se que ele aparecia e conversava com muitos sábios talmúdicos, organizava encontros entre eles e o Messias, explicava-lhes suas palavras e ensinava-lhes grande parte da tradição secreta da Torá. Mais importante, do ponto de vista da psicologia popular, é a crença amplamente predominante de que Elias está sempre pronto a oferecer seu auxílio às pessoas aflitas, tem o poder de afastar o Anjo da Morte e aparece ao pobre e ao atribulado nos mais inimagináveis disfarces como mendigo, persa, árabe, cavaleiro, oficial da corte romana, prostituta e (em uma história de Peretz), mágico. Na refeição do Seder de Páscoa, ele é acolhido em cada lar judeu com uma grande taça de vinho, especialmente para ele, colocada no meio de uma mesa festiva. Nas cerimônias de circuncisão, a cadeira na qual o *Sandaq* (padrinho) está sentado, segurando a criança, chama-se a Cadeira de Elias, porque se crê que o profeta aparece para segurar a criança.

Quando o infortúnio sobrevém a uma pessoa boa, ela diz: "se ao menos o Profeta Elias estivesse aqui, interpretaria o sentido de minhas desgraças, pois ele ensinou-nos a compreender a justiça de seus caminhos" (Gaer, 1966). O Elias lendário é uma variante do "Judeu Errante" e, às vezes, faz o papel do muçulmano Chadir. Considere-se, por exemplo, este paralelo da história de Moisés e Chadir, descrita na 18ª sura do Corão[51]:

> Certo dia, um entusiasta discípulo pediu permissão a Elias para acompanhar o profeta em uma de suas muitas viagens. "Você pode vir comigo", disse Elias, "se prometer não fazer nenhuma pergunta a respeito do que eu fizer. Com efeito, tão logo você peça uma explicação, devemos separar-nos". O jovem prometeu, e começaram sua caminhada.
>
> Quando caiu a noite, chegaram à casa de um pobre homem cuja única posse era uma vaca. Com prazer, o homem e sua esposa receberam Elias e seu jovem amigo; deram-lhe alimento a comer e um lugar confortável onde dormir.
>
> Antes de partirem, pela manhã, Elias orou para que a vaca do pobre homem morresse. O discípulo ficou surpreso com a oração do profeta, mas manteve sua promessa e não fez perguntas.
>
> Na noite seguinte, pararam em uma mansão. O ricaço não deu a mínima atenção a seus hóspedes, nada lhes ofereceu para comer ou beber, e mandou-os dormir no celeiro.
>
> Quando estavam de saída, na manhã seguinte, Elias viu um muro, perto da casa, que havia desmoronado. Elias orou para que o muro se reconstruísse; e o muro ergueu-se diante deles, completo e inteiro. Uma vez mais, prosseguiram seu caminho. Novamente o discípulo absteve-se de fazer perguntas.

51. Jung oferece um amplo comentário sobre esta história em OC 9/1, § 240ss.

> No dia seguinte, chegaram a um magnífico templo, com bancos de ouro e bancos de prata. Nenhum dos cultuadores, porém, convidou os viandantes às suas casas. Eles prosseguiram seu caminho, e Elias orou para que todos os fiéis se tornassem líderes. Cresceu a perplexidade do discípulo, mas outra vez conteve-se e não fez perguntas.
>
> Na próxima cidade a que chegaram, todas as pessoas foram acolhedoras e receberam os estrangeiros, oferecendo-lhes alimento e bebida. Quando tinham descansado e estavam prontos para ir embora, Elias orou a Deus que lhes desse um líder.
>
> O discípulo já não conseguiu conter-se e perguntou: "Onde está a justiça de suas orações, Elias?"
>
> E Elias respondeu: "a esposa do homem pobre estava destinada a morrer no dia em que os deixamos, e eu rezei para que Deus aceitasse a vaca como sacrifício vicário. Sob o muro desmoronado do rico avaro estava escondido um tesouro de ouro que ele teria descoberto se ele próprio tivesse reconstruído o muro. Quanto aos cultuadores antipáticos no templo, todos se tornarão líderes e serão arruinados por muitas disputas. Mas os habitantes desta boa cidade, unidos sob um líder sábio, prosperarão".
>
> "Agora", disse o discípulo humildemente, "vejo que há sempre justiça nas ações de Deus, mesmo quando os malfeitores parecem prosperar".
>
> "Sim", disse Elias. "Agora, portanto, visto que você pediu uma explicação, devemos separar-nos" (Gaer, 1966).

Neste conto, Elias representa a Grande Personalidade (si-mesmo) que opera a partir de uma perspectiva mais ampla do que o eu, visto que engloba os opostos. Seu papel como reconciliador dos opostos está indicado nesta descrição de sua função como precursor do Messias:

> Sua atividade messiânica [...] deve ser dupla: ele deve ser o precursor do Messias; no entanto, em parte, ele próprio realiza o prometido esquema de salvação. Sua primeira tarefa será induzir Israel a arrepender-se quando o Messias estiver prestes a chegar, e estabelecer a paz e a harmonia no mundo. Conseguintemente, ele deverá superar todas as dificuldades legais e resolver todos os problemas legais que se acumularam desde dias imemoriais, e decidir questões de rituais controversos, concernentes às quais os autores nutrem visões contraditórias. Em resumo, todas as diferenças de opinião devem ser removidas do caminho do Messias (Ginzberg, 1956).

A figura de Elias ainda está viva na psique moderna. Por exemplo, ele apareceu a Jung (1987) durante seu confronto com o inconsciente:

> Para apreender as fantasias, eu partia muitas vezes da representação de uma descida. Certa vez, fiz várias tentativas antes de penetrar nas profundidades. Na primeira vez atingi, por assim dizer, uma profundidade de trezentos metros. Na seguinte já se tratava de uma profundidade cósmica. Parecia uma viagem à Lua ou uma descida no vácuo. Surgiu em primeiro lugar a imagem, de uma cratera e senti como se estivesse no país dos mortos. Ao pé de um alto muro rochoso vi duas figuras: a de um homem idoso de barba branca e a de uma bela jovem. Reunindo toda a minha coragem, abordei-os como se fossem seres reais. Escutei com atenção o que me diziam. O homem idoso declarou que era Elias, e isto me abalou. Quanto à moça, desconcertou-me ainda mais dizendo que se chamava Salomé! Era cega. Que estranho casal: Salomé e Elias! Entretanto, Elias assegurou-me que ele e Salomé já estavam ligados por toda a eternidade e isto aumentou ao máximo a minha confusão. Vivia com eles uma serpente negra que manifestava uma evidente

> inclinação por mim. Preferi dirigir-me a Elias, porque se afigurava o mais razoável dos três, parecendo dispor de uma boa compreensão. Salomé inspirava-me desconfiança. Mantive com Elias uma longa conversa, cujo sentido não consegui compreender!

A respeito destas figuras, Jung (1987) escreve:

> Salomé é uma figuração da *anima*. É cega, pois não vê o sentido das coisas. Elias é a figuração do profeta velho e sábio: representa o elemento do conhecimento, e Salomé, o elemento erótico. Poderia ser dito que esses dois personagens encarnam o *Logos* e o *Eros*. Mas tal definição já é intelectual demais. É mais significativo deixar que esses personagens sejam, primeiro, o que então me pareceram ser, isto é, expressões de processos que se desenrolavam no fundo do inconsciente.

Acab

Em uma horrível sequência de assassinatos, carnificinas e apostasias, 1Rs 12–16 descreve os sucessivos reis que governaram os reinos divididos de Israel e de Judá. Estas crônicas da monarquia lembram-nos do trágico e ambíguo fardo que é imposto ao ser humano investido do manto da realeza.

Nos sonhos, um rei ou chefe de estado é uma referência ao si-mesmo. Na história e no drama, o rei é o eu em letras garrafais. É um ser humano limitado, destinado a portar um sentido coletivo, transpessoal. O rei é sempre uma figura mais ou menos trágica porque deve carregar o fardo dos opostos: o pequeno e humano enquanto contrastado com o grande e arquetípico. Todo rei é, até certo ponto, um malogro, seja por passividade, recusa a assumir o fardo régio, seja por inflação, arrogância, brutalidade e híbris. A história da monarquia é um quadro do desenvolvimento do eu. O rei era considerado, de modo bastante literal, o representante de Deus na Terra. Ele é, assim, a imagem da encarnação do si-mesmo pelo eu, ou seja, a individuação.

Acab foi o décimo sétimo rei do reino setentrional de Israel, e reinou durante quarenta e dois anos. Somos informados de que

> praticou o que desagrada ao Senhor mais do que todos os predecessores. [...] tomou por esposa Jezabel filha de Etbaal, rei dos sidônios, e foi prestar culto a Baal, prostrando-se diante dele. Ergueu-lhe um altar no templo de Baal que tinha construído em Samaria. Acab fez uma estaca sagrada e continuou agindo de modo a irritar o Senhor Deus de Israel, mais do que todos os reis de Israel que o precederam (1Rs 16,30-33).

A palavra Baal (Senhor) era o título do deus supremo entre os cananeus, e no período primitivo, era aplicado também a Javé. "Depois do período de Acab, porém, o nome ficou associado ao culto e aos ritos da divindade fenícia introduzida na Samaria por Jezabel, e suas associações idolátricas, consequentemente, levaram-no a cair em descrédito" (*International Standard Bible Encyclopaedia*, 1980, vol. 1). A respeito da estaca sagrada erigida por Acab, escreve Frazer:

> Sabemos que em todos os santuários cananeus antigos, inclusive os santuários de Jeová até as reformas de Ezequias e Josias, os dois objetos regulares de culto eram uma estaca sagrada e uma pedra sagrada, e que esses santuários eram sedes de ritos libertinos realizados por homens sagrados (*kedeshim*) e mulheres sagradas (*kedeshoth*) (Frazer, 1919, vol. 1).

Jeremias fala daqueles "que dizem à madeira: 'Tu és meu pai!' e à pedra: 'Tu me geraste!'" (2,27, AV). Frazer (1919) considera esta afirmação uma referência

> aos filhos nascidos do desenfreado intercurso entre os sexos nesses lugares; acreditava-se que tais filhos fossem a descendência ou emanação desses ídolos grosseiros, mas adorados. [...] Nesta visão, os homens e as mulheres sagradas que, na verdade, geravam ou davam à luz as crianças, eram considerados a encarnação humana das duas divindades.

Tais práticas eram variações da prostituição sagrada da religião matriarcal da natureza que o culto a Javé havia suplantado. Acab era, portanto, culpado de promover uma regressão religiosa. Isso era intolerável para Javé, o novo princípio espiritual.

A maneira pela qual Javé age para provocar a ruína de Acab é horripilante de contemplar. Após dar ouvidos a um bando de falsos profetas que predizem sucesso em seu ataque contra Ramot de Galaad, Acab convoca o verdadeiro profeta, Miqueias, que faz a seguinte declaração:

> Pois bem, escuta a palavra do Senhor: Eu vi o Senhor sentado no trono e todo o exército do céu de pé junto dele, à direita e à esquerda. E o Senhor perguntou: "Quem enganará Acab, para que ele vá e morra em Ramot de Galaad?" Um dizia uma coisa, outro dizia outra. Finalmente um espírito se adiantou e, de pé na presença do Senhor, disse: "Eu vou enganá-lo". O Senhor lhe perguntou: "De que maneira?" Ele respondeu: "Eu vou lá e me transformo em espírito da mentira na boca de todos os seus profetas". O Senhor respondeu: "Ótimo! Tu conseguirás enganá-lo. Vai e faze isto!" Portanto, como estás vendo, o Senhor colocou o espírito da mentira na boca de todos estes teus profetas que estão aqui e decretou a desgraça contra ti (1Rs 22,19-23).

Esta assombrosa peça de astúcia divina tem um paralelo na *Ilíada*:

> Os outros deuses e os homens, senhores de carros de cavalos, dormiram toda a noite. Só a Zeus não tomou o sono suave, mas ponderava em seu espírito como poderia trazer honra a Aquiles, matando muitos junto às naus dos aqueus. No espírito lhe surgiu então a melhor deliberação: enviar um sonho nocivo ao atrida Agamémnon. E falando-lhe proferiu palavras apetrechadas de asas:
>
> "Vai agora, ó sonho nocivo, até às naus velozes dos aqueus. Quando chegares à tenda do atrida Agamémnon, com verdade lhe diz tudo como te ordeno: manda-o armar depressa os aqueus de longos cabelos, pois agora lhe seria dado tomar a cidade de amplas ruas dos troianos, porquanto se não dividem já os imortais que no Olimpo têm sua morada (a todos convenceu Hera suplicante), mas concedemos-lhe que ganhe a glória."
>
> Assim falou. Partiu o sonho, assim que ouviu as palavras. Chegou rapidamente às naus velozes dos aqueus e foi ter com o atrida Agamémnon. Encontrou-o a dormir na tenda; sobre ele se derramava o sono imortal. Postou-se junto à sua cabeça com a forma do filho de Neleu, Nestor, a quem entre os anciãos mais honrava Agamémnon. Assemelhando-se a ele, assim lhe falou o sonho divino:
>
> "Tu dormes, ó filho do fogoso atreu, domador de cavalos. Não deve dormir toda a noite o homem aconselhado, a quem está confiada a hoste, a quem tantas coisas preocupam. Mas agora presta rapidamente atenção. Sou mensageiro de Zeus, que embora esteja longe tem grande pena e se compadece de ti. Manda armar depressa os aqueus de longos cabelos, pois agora te seria dado tomar a cidade de amplas ruas dos troianos, porquanto se não dividem já os imortais que no Olimpo têm a sua morada (a todos convenceu Hera suplicante), mas sobre os troianos poi-

> sam desgraças vindas de Zeus. Mas tu guarda isto no teu espírito; que o olvido se não apodere de ti, quando te largar o sono doce como mel."
>
> Assim falando, desapareceu o sonho, deixando-o ali a refletir no coração sobre coisas que não haveriam de se cumprir. Pois pensava ele poder naquele dia tomar a cidade de Príamo, insensato!, que não conhecia os trabalhos que Zeus planeava. Na verdade, era sua intenção impor sofrimentos e gemidos tanto a troianos como a Dânaos, no decurso de combates renitentes (*Ilíada*, 2, 1-40).

Estes exemplos demonstram, de maneira impressionante, a ambígua natureza trapaceira do inconsciente. O Deus que exige que o ser humano não dê falso testemunho (Ex 20,16) não tem nenhum escrúpulo quanto a si mesmo relativamente a esse ponto. A visão de Miqueias da derrota militar – "Eu vi todo o Israel disperso pelos montes, como ovelhas sem pastor" (1Rs 22,17) – pode também ser aplicada aos que têm uma atitude inocente, de "bom pastor" em relação a Javé. Ele é a união dos opostos, tanto dos maus quanto dos bons. *"Deus pode ser amado e deve ser temido"* (OC 11/4, § 732).

Para os que porventura alegassem que tais ambiguidades se aplicariam somente ao Deus do Antigo Testamento, e não ao Deus do Amor do Novo Testamento, eu os lembraria que na Oração do Senhor encontramos as seguintes palavras: "não nos induzas à tentação, mas livra-nos do mal" (Mt 6,13, AV). A propósito deste pedido, observa Jung:

> "Não nos deixeis cair em tentação, mas livrai-nos do mal". Isto é o mesmo que dizer: que Deus não nos induza diretamente ao mal, mas nos livre dele. Por isso a possibilidade de que Javé recorra a seus antigos procedimentos, [...] não está de todo afastada, para que se a perca de vista.

> Em todo caso, Cristo acha oportuno lembrar ao Pai, na oração, os pendores perniciosos dele em relação aos homens, e rogar-lhe que se desfaça deles (OC 11/4, § 651).

A propósito da relação entre o Deus do Antigo e o do Novo Testamento, certa vez me foi trazido um sonho interessante:

> Estou ouvindo uma conferência sobre a relação de Deus com o ser humano. O orador desenhou um esquema no quadro-negro, um tipo de gráfico que representava os procedimentos de Deus para com as pessoas. O gráfico foi descrito como amostra das dinâmicas do amor de Deus e de sua punição, as mudanças dramáticas de um polo a outro de sua atividade. Ressaltou-se que a atividade era menos dramática no tempo de Jesus e do Novo Testamento do que o fora "mais tarde" no Antigo Testamento. De repente, vi que havia sabedoria psicológica no que estava sendo apresentado.
>
> O sonhador desenhou o "gráfico" seguinte na explicaçãoa

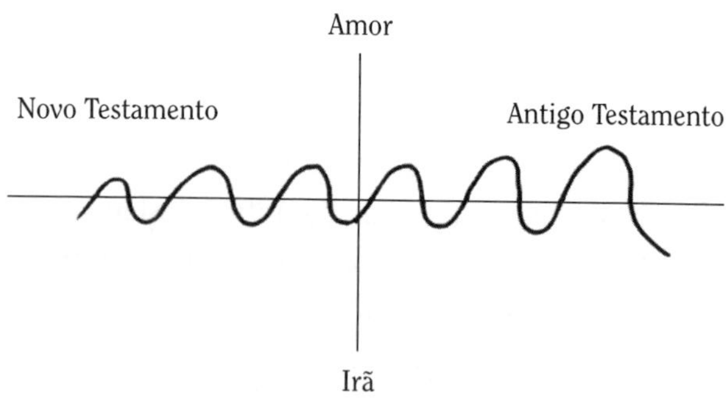

Jung diz-nos que, para entendermos psicologicamente o *Livro Tibetano dos Mortos* [*Bardo Thödol*], deveríamos lê-lo "do fim para o começo" (OC 11/5, § 844). A mesma observação se aplica também à Bíblia. A Bíblia retrata a totalidade da psique: o que é mais recente é o que está mais próximo da consciência; o mais primitivo é o que está mais longe. O que a Bíblia apresenta com uma sequência no tempo representa sucessivos estratos de sedimentos na psique objetiva. A exploração empírica da psique é bastante semelhante a uma escavação arqueológica. As camadas superiores são as mais recentes no tempo, e os estratos inferiores são mais remotos. No processo de escavação, os estratos superiores aparecem por primeiro, e os estratos mais profundos vêm "mais tarde". Assim é que a compreensão psicológica do Javé do Antigo Testamento vem "mais tarde".

Embora Acab estivesse fadado a um fim ignominioso por causa de sua idolatria, a causa imediata de sua derrocada foi, surpreendentemente, um ato de misericórdia. Depois de derrotar Ben-Adad, rei dos arameus, na batalha, Acab aceitou seus apelos por misericórdia e fez um tratado com ele. Javé, então, anuncia a Acab: "já que deixaste escapar o homem votado por mim ao extermínio, pagarás sua vida com tua vida e seu povo com teu povo!" (1Rs 20,42). Acab caiu na batalha contra Ben-Adad, que não havia honrado o tratado.

Acab reapareceu para a mente moderna por meio da imaginação de Herman Melville em seu romance *Moby-Dick*. O capitão Acab é uma figura central, e Elias apresenta-se em uma aparência marginal como um vidente louco (Edinger, 1978).

Eliseu

O manto de Elias é passado a Eliseu, que realiza muitos milagres. Particularmente instrutivo é o da cura de Naamã.

> Naamã era comandante do exército do rei dos arameus e gozava de grande estima e favor junto a seu senhor, pois

através dele o Senhor tinha concedido a vitória aos arameus. Era um guerreiro valente, mas sofria da lepra. Ora, um bando de arameus, que tinha feito uma incursão no território de Israel, trouxe prisioneira uma garota, que se tornou criada da mulher de Naamã. Ela disse à patroa: "Ah, se meu patrão pudesse apresentar-se ao profeta de Samaria, ele o livraria da lepra".

Então Naamã foi informar o seu senhor: "Assim e assim me falou a garota de Israel". O rei dos arameus respondeu: "Podes ir, que vou enviar uma carta ao rei de Israel".

Ele se pôs a caminho, levando consigo vinte arrobas de prata, seis mil siclos de ouro e dez mudas de roupa. Entregou ao rei de Israel a carta, escrita nestes termos: "Como estás vendo, juntamente com esta carta eu te envio meu servo Naamã, para que o livres da lepra". Quando o rei de Israel acabou de ler a carta, rasgou as vestes e exclamou: "Acaso sou Deus, capaz de dispor sobre vida e morte, para que este homem me encarregue de livrar alguém da lepra? É evidente que ele está me provocando".

Quando o homem de Deus, Eliseu, ouviu que o rei de Israel tinha rasgado suas vestes, mandou dizer-lhe: "Por que rasgaste tuas vestes? Que venha esse homem a mim, para saber que há um profeta em Israel". Então Naamã chegou com seus cavalos e a carruagem e parou junto à porta da casa de Eliseu. Este lhe mandou um mensageiro com o seguinte recado: "Vai tomar banho sete vezes no Rio Jordão, e tua carne voltará a ser sadia e ficarás purificado". Naamã se irritou com isto e foi embora resmungando: "Eu pensei que ele sairia em pessoa e, de pé, invocaria o nome do Senhor seu Deus, passaria a mão na parte afetada e me livraria assim da lepra. Será que os rios de Damasco, o Abana e o Farfar, não são melhores que todas as águas de Israel? Acaso não me posso banhar nelas, para ser purificado?" Deu meia-volta e retirou-se furioso.

Os servos se aproximaram e lhe disseram: "Pai, se o profeta te prescrevesse algo difícil, não o farias? Com quanto mais razão o deverias fazer quando apenas te mandou tomar banho para ficares purificado!" Então Naamã desceu, mergulhou sete vezes no Rio Jordão, conforme a ordem do homem de Deus, e a sua carne voltou a ser pura como a de uma criança.

Em seguida voltou com toda a comitiva para junto do homem de Deus. Quando chegou, apresentou-se e declarou: "Agora eu sei que em toda a terra não há Deus, a não ser em Israel. Faze-me portanto o favor de aceitar um presente do teu servo". Mas Eliseu respondeu: "Pela vida do Senhor, a cujo serviço eu estou, não aceito nada!" E por mais que o outro insistisse, ficou firme na recusa.

Naamã disse: "Bem, se não puder ser, ao menos seja concedida a teu servo uma carga de terra que possa ser levada por uma parelha de mulas, pois teu servo já não oferecerá holocausto ou sacrifício a outros deuses a não ser ao Senhor. Que o Senhor seja indulgente comigo no seguinte: Quando meu senhor entrar no templo de Remon, para lá prestar culto, e se apoiar no meu braço, seja-me permitido que também eu me prostre no templo de Remon. E que o Senhor me perdoe por isto". Eliseu lhe respondeu: "Está bem". Então Naamã se retirou da presença dele.

Quando ele se tinha afastado cerca de um quilômetro, Giezi, empregado do homem de Deus, Eliseu, pensou: "Meu patrão foi muito generoso com este arameu Naamã, não querendo aceitar os presentes que trouxe. Pela vida do Senhor, vou correr atrás dele, a ver se recebo alguma coisa!" Então Giezi se pôs a correr atrás de Naamã. Quando este o avistou correndo atrás dele, saltou da carruagem e foi a seu encontro, perguntando: "Está tudo bem?" O outro respondeu: "Tudo está bem! Mas é que meu patrão me enviou com este recado: 'Olha, agora

> mesmo vieram visitar-me da montanha de Efraim dois moços que pertencem à confraria dos profetas. Dá-lhes, por favor, duas arrobas de prata e duas mudas de roupa'". Naamã respondeu: "Por favor, toma quatro arrobas!" Insistiu com ele e amarrou a prata em dois alforjes junto com duas mudas de roupa, entregando tudo a dois empregados, para carregarem à frente de Giezi. Ao chegar a Ofel, Giezi tomou tudo das mãos deles e o guardou em sua casa. Depois se despediu dos homens, e eles se foram. Giezi foi apresentar-se ao seu senhor, e este lhe perguntou: "Donde vens, Giezi?" Ele respondeu: "Não fui a parte alguma!" Então Eliseu lhe disse: "Não estive eu presente em espírito, quando alguém apeou da carruagem ao teu encontro? É mesmo o caso de receber dinheiro e vestidos, oliveiras e vinhas, ovelhas e bois, escravos e escravas? A lepra de Naamã pegue em ti e em tua descendência para sempre!" Giezi se retirou da presença de Eliseu, leproso e branco como a neve (2Rs 5,1-27).

Esta história pode servir de paradigma para o processo da psicoterapia do profundo. Naamã, o eu, está doente. Ele fica sabendo da possibilidade de cura por meio da *anima* estrangeira que vem da terra santa de Javé (o inconsciente). Ele decide buscar o profeta-curandeiro de Israel, ou seja, ele decide visitar um analista. Naamã apresenta sua carta ao rei de Israel, mas o rei fica alarmado com sua expectativa extravagante: "acaso sou Deus, capaz de dispor sobre vida e morte?" Assim reagirá o eu do analista à pressuposição do paciente de que o analista tem o poder de curá-lo. Jung frequentemente dizia a seus pacientes que ele não sabia como ajudá-los, mas há um homem de dois milhões de anos de idade dentro deles; *ele* saberá o que fazer (Jung, 1977). Esse velho homem sábio é uma personificação da sabedoria instintual do inconsciente e corresponde à figura de Eliseu. O convite de Eliseu para que Naamã o visite indica que a sabedoria arquetípica interior foi constelada, e a ajuda do inconsciente é iminente.

A prescrição é banhar-se sete vezes no Rio Jordão. Esta é uma receita para a *solutio* (Edinger, 2006). Ele deve mergulhar nas águas do inconsciente e experimentar a morte e o renascimento que estão implícitos na imagem. Por outras palavras, ele deve abrir-se aos efeitos de seus sonhos e fantasias, e permitir que a sabedoria deles "dissolva" seu problema. O 7 é o número da iniciação, da transformação e da ação criativa completada. Sete degraus da escada planetária se encontram entre a Terra e o céu, e a criação levou sete dias. Naamã reage a esta prescrição com cólera. Ele havia contado com um "tratamento" por parte de Eliseu, que "passaria a mão na parte afetada e me livraria assim da lepra". A ideia de que se deveria consultar o inconsciente é uma ofensa para o eu racional. Contudo, os servos aconselharam uma solução mais sábia. Eles representam os aspectos humildes e modestos da personalidade, em melhor contato com a realidade psíquica.

Naamã efetivamente imerge-se no Jordão por sete vezes e fica curado. Esta imagem condensa um processo que, na psicoterapia prática, pode levar anos. A experiência do inconsciente muitas vezes leva a uma transformação. Diz Jung (1925):

> A análise deveria liberar uma experiência que nos agarre ou caia sobre nós a partir de cima, uma experiência que tenha substância e corpo, como aconteceu aos antigos. Se eu quisesse simbolizá-la, eu escolheria a Anunciação.

O batismo de Naamã no Jordão, como o de Cristo, produziu tal experiência. Isso, naturalmente, é seguido pelo surgimento de uma atitude religiosa ("agora eu sei que em toda a terra não há Deus, a não ser em Israel" – 2Rs 5,15) e por uma exuberância de gratidão para com o homem que tornou possível a experiência. Tal gratidão está indicada pela disposição de Naamã em dar um presente a Eliseu. Isto significa uma projeção transferencial mediante a qual o paciente, Naamã, atribuiria um valor psíquico ao analista Eliseu que não lhe pertence propriamente. Eliseu, sabiamente, declina do presente. Aceitá-lo significaria identificação com a projeção transferencial. Eliseu, então, receberia o crédito pessoal pela cura de Naamã. O ato de soberba teria consequências desastrosas, pois o tornaria responsável pelo destino de Naamã como um todo. Esta última consequência é representada por Giezi, que aceitou o presente de Naamã e, com ele, recebeu também a lepra.

A carga de terra transportada de Israel para a pátria de Naamã se torna o chão sobre o qual é construído um altar para Javé. A terra é imagem da *coagulatio* (Edinger, 2006) e, neste contexto, refere-se à *realização* da psique transpessoal que se torna o fundamento sobre o qual é construída uma viva atitude religiosa. Esta atitude é o fator que cura.

Hazael e Jeú

No Primeiro Livro dos Reis 19,15.17, Javé diz a Elias no Monte Horeb:

> vai e toma o caminho de volta em direção ao Deserto de Damasco. Chegando lá, unge Hazael como rei dos arameus. Unge também Jeú filho de Namsi como rei de Israel. [...] Quem escapar da espada de Hazael será morto por Jeú, e quem escapar à espada de Jeú será morto por Eliseu.

Estas missões foram realizadas por Eliseu. Visitou Hazael, um subordinado do Rei Ben-Adad, e astuciosamente o incitou ao assassinato. Tal como as bruxas em *Macbeth*, ele disse ao ambicioso Hazael: "numa visão do Senhor eu te vi como rei dos arameus" (2Rs 8,13). Desse modo Eliseu realizou a tarefa determinada por Javé de "ungir" Hazael. Neste relato, excitar sua ambição para alcançar o trono é simbolicamente equivalente a ungi-lo rei. Unção similar foi feita a Jeú. Eliseu enviou um jovem profeta que

> lhe derramou o azeite na cabeça e disse: "Assim fala o Senhor Deus de Israel: Eu te ungi como rei do povo do Senhor e de Israel. Tu ferirás a casa de Acab, teu senhor, e desta maneira eu vingarei o sangue dos meus servos, os profetas, e de todos os servos do Senhor, derramado pela mão de Jezabel. Toda a família de Acab perecerá; exterminarei em Israel todos os seus descendentes masculinos, escravos e livres (2Rs 9,6-8).

Por outras palavras, Javé firmou um contrato de assassinato contra o Rei Jorão, Jezabel e toda a família real, cuja ação sangrenta foi devidamente realizada.

As "unções" de Hazael e de Jeú significam psicologicamente um influxo do inconsciente que ordena que o eu mate o rei em exercício ou o princípio regente, e tome o poder. Esta mensagem é apresentada como "vontade de Deus".

Tal ocasião é um momento de terrível ambiguidade. Esta missão é um imperativo da individuação, e ignorá-la pode ser fatal. Entretanto, assumir concreta e literalmente uma mensagem *simbólica* pode ser igualmente fatal. Orestes, no drama de Ésquilo, estava em tal posição, e mal escapou com sua unidade. A vingança pertence a Deus (Sl 94,1), ou seja, a vingança vem do si-mesmo. Mas o si-mesmo precisa do eu para realizá-la e se essa "realização" resulta em um crime literal, o eu é que assume a culpa.

Uma versão patológica moderna da unção de Jeú foi referida há alguns anos no jornal. Em uma visão alucinatória, um adolescente recebe uma ordem de Deus para matar sua família. Ele espreitou-os nos arbustos e alvejou-os a todos com um rifle. Conta-se que Jung teria dito que se Deus lhe ordenasse assassinar alguém, ele não o faria; em vez disso, se interporia contra Deus e morreria, se necessário fosse. Conforme diz Jung, "Deus *é* o problema mais impactante" (Jung, 1976).

12 Exílio e retorno

O povo escolhido

"Pois tu és um povo consagrado ao Senhor teu Deus, e o Senhor teu Deus te escolheu para seres seu povo particular entre todos os povos que há na face da terra" (Dt 14,2). Aqui e em muitas outras passagens ao longo do Antigo Testamento, Javé anuncia o *status* especial dos judeus como escolhidos. Este é um tema central da individuação. Sua aplicação a Israel assinala a nação como portadora coletiva do simbolismo da individuação e ajuda a explicar a impressionante história deste povo particular[52].

Sentir-se escolhido é uma das características do encontro do eu com o si-mesmo. Há diversos aspectos desta experiência.

1. *Alguém recebe uma tarefa, uma missão, um propósito transpessoal.* Este processo dá-se mais ou menos inconscientemente na vida normal sempre que se segue um desejo, um talento ou uma conexão com alguma escolha de vida, tais como um trabalho, uma vocação, uma causa ou um relacionamento.

52. Cf. o excelente ensaio de Rivkah Kluger, "The Idea of the Chosen People", 1974.

Na segunda metade da vida, a individuação se torna cônscia, essas manifestações da libido assumem uma propriedade diferente. Elas tornam-se imperativos do si-mesmo, que se é intimado a honrá-las na busca consciente da totalidade.

2. *Alguém é salientado como separado, especial, diferente*. Por outras palavras, ele é transformado em um *indivíduo*, destacado do estado de *participação mística* coletiva. Conforme demonstra Rivkah Kluger, Javé separa um único povo especial para ser seu a fim de realizar sua própria separação dos muitos deuses do politeísmo:

> O Deus Supremo Javé, que evoluiu, por assim dizer, de muitas figuras divinas politeístas, em um Deus-personalidade, tornou-se, por conseguinte, um Deus distinto, que se diferencia dos demais deuses. Esse Deus diferente agora escolhe para si um povo igualmente inconfundível como seu interlocutor. Vemos aqui, projetado sobre um povo, o nascimento da ideia do indivíduo que é tirado de sua existência anônima no ciclo da natureza e colocado em um destino pessoal e único (Kluger, 1974).

À medida que um povo separado e distinto se cristaliza de dentro das nações, simultaneamente Javé é diferenciado da multiplicidade de deuses. Isto refere-se ao aspecto paralelo do relacionamento eu-si-mesmo. O si-mesmo, buscando sua própria discriminação, oferece ao eu um *status* de especial e escolhido. Ao aceitar essa oferta e vivenciá-la, o eu ajuda a criar o si-mesmo concretizado.

O povo escolhido é "o eleito", palavra que tem um ambíguo duplo sentido. Os escolhidos foram eleitos para um *status* especial e, portanto, foram eleitos para assumir aquele papel especial.

Ser posto à parte como alguém especial tem aspectos positivos e negativos (Edinger, 2020). Ser favorecido de modo especial é lisonjeiro e causa inflação, semelhantemente à criança mimada que alimenta a expectativa de que tudo seja de acordo com seus desejos. Tais israelitas dizem: "A desgraça não se aproximará, nem nos atingirá!" (Am 9,10). "Não está o Senhor em nosso meio? A desgraça não virá sobre nós!" (Mq 3,11). Estas observações indicam pressuposições inconscientes da psique infantil. Quando tais presunções são contraditas pela realidade, dão origem a ressentimentos amargos, tais como as queixas dos israelitas a Moisés: "Quem dera que tivéssemos morrido pela mão do Senhor no Egito, quando nos sentávamos junto às panelas de carne e comíamos pão com fartura! Trouxestes-nos ao deserto para matar de fome toda esta gente!" (Ex 16,3). Contudo, se o *status* de alguém especial for aceito conscientemente e de maneira madura, é expresso na atitude de Samuel: "fala, Senhor, que teu servo escuta" (1Sm 3,10).

3. *Alguém é distinto como consagrado, como posse de Deus*. "Pois tu és um povo consagrado ao Senhor teu Deus. O Senhor teu Deus te escolheu dentre todos os povos da terra para seu povo particular" (Dt 7,6). Psicologicamente isto significa que se exige que a pessoa preste constante atenção à autoridade interior, ao si-mesmo. A pessoa tornou-se posse dele, por assim dizer. O estado de coisas expõe-na às experiências gêmeas simbolizadas pelo "amor de Deus" e pelo "castigo de Deus". "O Senhor afeiçoou-se a vós e vos escolheu, não por serdes mais numerosos do que os outros povos – na verdade sois o menor de todos – e sim porque o Senhor vos amou" (Dt 7,7). Por outro lado, Javé anuncia: "de todas as tribos da terra só a vós conheci, por isso eu vos castigarei por todos os vossos delitos" (Am 3,2). Quando o si-mesmo foi ativado, mister se faz levar em conta suas exigências. Sua aprovação e desaprovação manifestaram-se claramente, e o

eu torna-se dolorosamente consciente de que não é senhor em sua própria casa.

4. *Alguém é escolhido para ser conhecido por Deus e para conhecê-lo*. "Eu te conheci no deserto" (Os 13,5, leitura alternativa). "De todas as tribos da terra só a vós conheci" (Am 3,2). Outras passagens aludem à necessidade de Javé de ser conhecido, por exemplo: "eu vos tomarei como meu povo e serei o vosso Deus. Assim *sabereis* que eu sou o Senhor vosso Deus que vos liberta dos trabalhos impostos pelos egípcios" (Ex 6,7, itálico acrescentado). Do ponto de vista psicológico, esta é uma questão importante. Rivkah Kluger observa que a palavra hebraica *yada* (conhecer, tornar-se consciente de) também é usada para a relação sexual, o que indica a conexão de significado entre amor e conhecimento. Ela, então, faz esta importante observação.

> Javé *conhece* (escolhe) o povo *para que este possa conhecê-lo*. Aqui está sugerida a ideia [...] de que Deus precisa de sua contraparte a fim de tornar-se consciente de si mesmo. Isso não poderia ser mais claramente afirmado do que em Is 48,9-11: "por causa do meu nome contive minha ira [...]. Olha, eu te refinei no fogo, como a prata, provei-te na fornalha da tribulação. *Por amor a mim, só por amor a mim faço isto*" (Kluger, 1974)[53].

Agora estamos em condições de compreender tais passagens. O si-mesmo precisa desesperadamente de que o eu o conheça (Edinger, 1984).

53. Os sublinhados são meus. Mudei a passagem de Isaías para a versão da *Bíblia de Jerusalém*. (O autor refere-se à versão da *Bíblia de Jerusalém,* publicada em 1966, em Liverpool; o texto da *Bíblia de Jerusalém* publicado no Brasil é como segue: "Por causa do meu nome retardo a minha ira [...]. Vê que te comprei, mas não por dinheiro, escolhi-te quando estavas no cadinho da aflição. *Por causa de mim mesmo, só de mim mesmo, é que agirei*" [N.T.].)

5. *Alguém é escolhido para ser redimido por Deus e para redimi-lo*. Conhecer e ser conhecido faz parte do fenômeno da *consciência*, e isso é redentor. Quando Javé fala em escolher Israel, normalmente menciona, ao mesmo tempo, em redimi-lo da escravidão. "[...] porque o Senhor vos amou e quis cumprir o juramento que fez a vossos pais. Foi por isso que o Senhor vos libertou com mão forte, resgatando-vos do lugar da escravidão, das mãos do faraó, rei do Egito" (Dt 7,8). O encontro com o si-mesmo tem um efeito redentor e resgatador sobre o eu porque o liberta de um estado de inconsciência e revela sentido. No Antigo Testamento também se alude ao processo recíproco, no qual o si-mesmo é redimido pelo eu. Kluger trouxe à tona a passagem principal. "Por amor a mim, só por amor a mim faço isto", diz Javé ao explicar por que Ele afligiu os israelitas. Isto declara explicitamente que Javé *precisa* da consciência de Israel a seu respeito. Um midraxe ao Sl 91,16[54] diz: "este é um dos versículos difíceis que identificam a salvação de Deus com a salvação de Israel" (Kluger, 1974). Desse modo, o destino de Israel é o destino de Javé. Esta ideia tem paralelos com o opus alquímico, que era um esforço para redimir a substância divina oculta na escuridão da *prima materia* (Edinger, 2006).

O cativeiro babilônico

A Bíblia e a história deixam claro que ser escolhido por Javé é uma distinção muito dúbia. Rivkah Kluger (1974) trata da questão: Por que Javé escolheu Israel?

---

54. "Com vida longa eu o satisfarei, e lhe mostrarei a minha salvação" (AV).

> Era um pobre povo camponês, eternamente oprimido pelos grandes reinos circundantes, Egito e Babilônia: podia criar espaço para si mesmo apenas interiormente, e, por isso, era peculiarmente apto para assumir sobre si mesmo a miséria e a dignidade, a maldição e a bênção da eleição de Deus. Era, por assim dizer, a presa mais fácil de Deus.

A séria ambiguidade de ser o eleito de Deus está demonstrada na queda de Israel e de Judá, e o no exílio babilônico. Como reação à infidelidade deles, Javé responde ao povo eleito com a fúria de um esposo ciumento. O reino do norte de Israel caiu perante os invasores assírios em 721 a.C., e sua população foi deportada. Em 598 e 587, Jerusalém sucumbiu à Babilônia, seguindo-se deportações para a Babilônia. Tais desastres eram especificamente atribuídos à ira de Javé contra o culto a Baal e a Astarte.

> Já que Manassés, rei de Judá, cometeu estas abominações, procedendo pior que os amorreus antes dele e levando ao pecado também Judá com seus ídolos de nada, assim diz o Senhor Deus de Israel: "Farei desabar sobre Jerusalém e Judá tamanha calamidade que ficará com os dois ouvidos atordoados quem ouvir falar dela. Estenderei sobre Jerusalém a corda de Samaria e lhe aplicarei o prumo da casa de Acab. Limparei Jerusalém como se limpa um prato, e depois de limpo se emborca. Rejeitarei o resto da minha herança, entregando-o às mãos dos inimigos, para que se torne presa e despojo para todos eles. É que praticaram o que me desagrada, provocando a minha cólera desde o dia em que seus pais saíram do Egito até hoje" (2Rs 21,11-15).

Esta passagem terrível descreve as pavorosas consequências de ser alguém escolhido por Deus, seu vaso ou prato. Representa a forte e brutal realidade de um dos aspectos da individuação. Uma vez que a conexão consciente com o si-mesmo tenha sido feita (a aliança ou a escolha), a pessoa tem muito pouca margem de erro. O eu agora está comprometido com ser um vaso para conter sentido transpessoal. Se ele se esquiva de sua tarefa, será areado.

Sobreveio o desastre; Jerusalém cai sob o ataque dos babilônios; o Rei Sedecias foi capturado, e somos confrontados com a horrível imagem da completa derrota. O rei da Babilônia sentenciou Sedecias em Rebla. "Os filhos de Sedecias foram degolados diante dele. O rei vazou os olhos de Sedecias, amarrou-o com duas correntes e o conduziu para a Babilônia" (2Rs 25,7). Tal como aconteceu ao seu rei, deu-se o mesmo com todo o reino de Judá, e foram levados para setenta anos de cativeiro na Babilônia.

O cativeiro babilônico representa a fase da *mortificatio* da história sagrada de Israel (Edinger, 2006). Tal como a *prima materia* dos alquimistas, os israelitas são submetidos a operações atormentadoras a fim de que se produza sua transformação. Em outro lugar, diz Javé: "olha, eu te refinei, mas não por dinheiro, provei-te na fornalha da tribulação" (Is 48,10). O simbolismo do cativeiro babilônico refere-se não somente à *mortificatio*, mas igualmente à *coagulatio* (Edinger, 2006). Von Franz (1966) diz-nos:

> O cativeiro é um conceito importante na *Turba* e ali ele simboliza a "fixação" (solidificação) intencional de um espírito ou alma volátil para o propósito da transformação. "A alma é segurada firmemente, quase como uma escrava, de modo que não pode fugir, e adoece, e enferruja-se, e perece. Mas porque ele não foge, ela é libertada e ganha seu cônjuge". A fixação é chamada *katoche* (aprisionamento) na alquimia grega.

O cap. VII do tratado alquímico *Aurora Consurgens* é titulado "Do portão de bronze e barra de ferro do cativeiro babilônico" (Von Franz, 1966). Este texto, com esmeradas amplificações bíblicas, equipara o resgate dos israelitas do cativeiro babilônico com a *solutio* alquímica:

> Deus ungiu-me com o óleo da alegria para que possa habitar em mim *a virtude da penetração e da liquefação* no dia da ressurreição, quando serei glorificado (por) Ele. Com efeito, esta geração vem e passa, até que venha aquele que há de ser enviado, que também retira o jugo de nosso cativeiro, no qual nos sentávamos durante setenta anos junto aos rios da Babilônia (Von Franz, 1966, sublinhados meus).

A imagem da Babilônia aparece em Ap 17,3-6:

> Levou-me então, em espírito, para o deserto. Vi uma mulher sentada sobre uma besta escarlate, cheia de nomes blasfemos, com sete cabeças e dez chifres. A mulher estava vestida de púrpura e escarlate, adornada de ouro, pedras preciosas e pérolas. Tinha na mão um cálice de ouro, cheio de abominações e imundícies da sua prostituição. Na fronte trazia escrito um nome enigmático: "Babilônia, a grande, a mãe das prostitutas e das abominações da terra". Vi que a mulher estava embriagada com o sangue dos santos e com o sangue das testemunhas de Jesus.

A referência imediata é a Roma, mas ela é apresentada como manifestação do arquétipo, Babilônia. O simbolismo de Babilônia é bastante semelhante ao do Egito, significando uma existência secular, carnal, alheia a Deus. Psicologicamente, representa a egoidade mundana a viver inconscientemente à custa das energias transpessoais ("embriagada com o sangue dos santos"). Embora, em uma das fases do desenvolvimento, o "cativeiro" do Egito ou da Babilônia seja uma *coagulatio* necessária, em uma etapa posterior torna-se bestial e blasfema. O cálice de ouro, em seu conteúdo, é uma versão negativa do

Santo Graal, mas sua presença, juntamente com o ouro, as joias e as pérolas, indica que o valor supremo da psique está sendo manifesto.

A imagem arquetípica da Babilônia aparece historicamente na descrição do período de 1309-1377, quando o papado foi transferido de Roma para Avinhão, na França. Este período era chamado de cativeiro babilônico do papado. Petrarca descreve a Avinhão dos papas como

> A ímpia Babilônia, o inferno na terra, a alma do vício, o esgoto do mundo. Nela não há nem fé, nem caridade, nem religião, nem temor de Deus. [...] Toda a sujidade e maldade do mundo concentraram-se aqui. [...] Idosos mergulham ardente e impetuosamente nos braços de Vênus; esquecendo-se de sua idade, dignidade e poderes, precipitam-se em todo tipo de vergonha, como se toda a sua glória consistisse não na cruz de Cristo, mas em banquetes, embriaguez e impudência. [...] Fornicação, incesto, estupro, adultério são os deleites lascivos dos jogos pontificais (*Cambrige Medieval History*, vol. 7).

O que Petrarca descreve tão negativamente, considerado do ponto de vista psicológico é um passo necessário no desenvolvimento da psique coletiva ocidental. É um "retorno do reprimido" para fins de assimilação.

O retorno

Conforme predito por Jeremias, Judá e Jerusalém foram transformadas em uma terra "vazia e disforme" (*tohu wa bohu*) (Jr 4,23).

> Porque assim diz o Senhor:
> O país inteiro será devastado,

mas não o aniquilarei completamente.
Por isso a terra estará de luto e o céu,
lá em cima, ficará escuro! Porque eu falei,
eu decidi e não me arrependerei nem voltarei atrás
(Jr 4,27-28).

A nação foi mergulhada na *mortificatio* do exílio expressa tão pungentemente nas Lamentações. Sião ficou viúva; a princesa agora é vassala.

Chora e chora durante a noite,
as lágrimas cobrem suas faces;
não encontra quem a console
entre todos os seus amantes.
Foram-lhe infiéis todos os seus amigos
e se tornaram inimigos (Lm 1,2).

Mas o mesmo profeta, que anunciou a destruição de Israel, também profetizou sua restauração: "eu lhes trarei remédio e cura; eu os curarei e lhes revelarei as riquezas da paz e da fidelidade. Trarei de volta os cativos de Judá e os cativos de Israel e os restabelecerei como antes" (Jr 33,6-7). O magnífico capítulo 31 de Jeremias anuncia a reconciliação que deve acontecer entre Israel e Javé:

Assim diz o Senhor:
O povo que escapou da espada
encontrou graça no deserto.
Israel caminha para o seu descanso.
De longe o Senhor me apareceu:
Eu te amei com um amor eterno,
por isso conservei amor por ti.
Eu te construirei de novo e serás reconstruída,
virgem de Israel.

Com tamborins enfeitados,
ainda sairás em meio a danças alegres.
Ainda plantarás vinhas
sobre as montanhas da Samaria:
Os plantadores plantarão e colherão.
Sim, virá o dia em que os vigias gritarão
sobre a montanha de Efraim:
"Levantai-vos! Subamos a Sião,
ao Senhor nosso Deus!"
Porque assim diz o Senhor:
Gritai de alegria por Jacó,
aclamai a primeira das nações!
Anunciai, louvai e proclamai:
"O Senhor salvou o seu povo,
o resto de Israel!"
Eu os trago do país do norte
e os reúno dos confins da terra.
Entre eles há cegos e aleijados,
mulheres grávidas e que deram à luz.
É uma grande assembleia que volta!
Com lágrimas eles voltam,
com súplicas trago-os de volta.
Vou conduzi-los às torrentes de água,
por um caminho reto em que não tropeçarão.
Porque sou um pai para Israel,
e Efraim é o meu primogênito (Jr 31,2-9)

Efraim responde em 31,18:

Tu me corrigiste, e eu fui corrigido
como um novilho não domado!
Faze-me voltar, e eu voltarei,
porque Tu és o Senhor meu Deus!

A referência à correção de um novilho não domado nos lembra do simbolismo do jugo usado no capítulo 27. Neste, Jeremias recebe esta ordem: “Fabrica para ti cordas e uma canga e coloca-as sobre o teu pescoço” (v. 2). A mensagem nesta ação simbólica é que todos devemos curvar a cabeça para o jugo de Nabucodonosor, a respeito de quem Javé fala como “meu servidor” (Jr 27,6; 43,10). De outra sorte, serão banidos do solo. Porque Israel não quis submeter-se a um jugo voluntário, foi submetido ao jugo mais pesado do exílio.

O tema da domação do novilho aparece no *I Ching*, Hexagrama 26: “O poder de domar do Grande”. O comentário fala em castrar um javali ou em amarrar tábua protetora na cabeça de um touro. Estas imagens são aplicadas ao fortalecimento do caráter:

> O homem superior se põe a par dos muitos ditos
> da Antiguidade
> e dos fatos do passado,
> de modo a fortalecer assim seu caráter.
>
> [...] nas palavras e atos do passado jaz oculto um tesouro que o homem pode utilizar para fortalecer e elevar seu próprio caráter. O estudo do passado não deve se limitar a um mero conhecimento da história, mas deve, através da aplicação desse conhecimento, procurar dar atualidade ao passado (*I Ching,* 1967).

O cativeiro babilônico pode ser visto como uma domesticação ou processo de cultivo, mediante o qual as energias psíquicas primitivas são domadas. A arrogância voluntariosa do jovem eu (novilho) é subjugada a serviço de um propósito transpessoal. Uma vez que Israel havia aceitado o exílio como o jugo de Javé, ele “encontrou o perdão no deserto”. Conforme diz Javé: "Neste dia [...] quebrarei o jugo que pesa sobre seu pescoço e romperei seus laços. Não mais servirão a estrangeiros, mas servirão ao Senhor seu Deus" (Jr 30,8-9). Por outras palavras, a servidão ao ser humano é substituída pela servidão a Deus. Psicologicamente, isto significa que o eu aceita suas limitações como advindas do si-mesmo. Isto gera uma atitude religiosa que já não luta contra o aguilhão. Nas palavras de Emerson,

> não deveríamos adiar, remeter e desejar, mas fazer ampla justiça onde nos encontramos, com aqueles com quem lidamos, não importa quem seja, aceitando nossos companheiros e circunstâncias reais, por mais humildes ou odiosos que sejam, como os oficiais místicos aos quais o universo delegou todo o seu prazer para nós (Emerson, 1950).

Tal como a escravidão no Egito e a peregrinação no deserto foram seguidas pela aliança com Israel no Monte Sinai, assim também a escravidão e o exílio na Babilônia são seguidos por uma nova aliança anunciada por Jeremias:

> Virão dias – oráculo do Senhor – em que firmarei com a casa de Israel e a casa de Judá uma aliança nova. Não como a aliança que firmei com seus pais no dia em que os tomei pela mão e os libertei do Egito, aliança que eles mesmos romperam, embora eu fosse o seu senhor – oráculo do Senhor! Porque esta é a aliança que firmarei com a casa de Israel depois desses dias – oráculo do Senhor. Colocarei minha lei no seu íntimo e a escreverei em seu coração. Então eu serei seu Deus e eles serão meu povo. Eles não terão mais que instruir seu próximo ou irmão, dizendo: "Reconhece o Senhor!", porque todos me conhecerão, dos menores aos maiores – oráculo do Senhor – porque per-

> doarei sua culpa e não mais me lembrarei de seu pecado (Jr 31,31-34).

Uma característica importante da nova aliança é que a relação de Javé com o ser humano será *individualizada*. "Naqueles dias não se dirá mais: Os pais comeram uvas verdes, e os dentes dos filhos ficaram embotados. Mas cada um morrerá por causa da própria culpa. Quem comer uvas verdes terá seus dentes embotados" (Jr 31,29-30). O anúncio de que a Lei de Javé será escrita "em seus corações" nada mais significa do que o reconhecimento da *realidade psíquica* das imagens religiosas e metafísicas.

Visão de Ezequiel

Foi durante o cativeiro babilônico, o nadir da existência de Israel de acordo com os registros do Antigo Testamento, que se deu a grandiosa visão de Ezequiel.

> e eu vi que um vento impetuoso vinha do Norte, uma grande nuvem envolta em claridade e relâmpagos, no meio da qual cintilava algo como se fosse ouro brilhante. No centro aparecia a forma de quatro seres vivos. Este era seu aspecto: tinham forma humana. Cada um apresentava quatro caras e tinha quatro asas. Quanto às pernas, tinham pernas retas e patas como as de bezerro; reluziam como o brilho do bronze polido. Por baixo das asas tinham mãos humanas nos quatro lados, pois todos os quatro tinham rosto e asas. As asas tocavam-se umas nas outras. Ao se moverem não se voltavam, mas cada um seguia para onde tinha o rosto voltado. Quanto à forma das caras, tinham cara de gente, cara de leão do lado direito de cada um dos quatro, cara de touro do lado esquerdo de cada um dos quatro, e cara de águia cada um dos quatro.

Cada um tinha duas asas estendidas para cima, que se tocavam umas nas outras, e duas asas que cobriam o corpo. Cada um caminhava para sua frente, seguindo ao sabor do vento, sem se voltar enquanto se movia. No meio dos seres vivos aparecia algo como brasas; pareciam tochas acesas, faiscando entre os seres vivos. O fogo cintilava, e do meio do fogo saíam relâmpagos. Os seres vivos coriscavam, parecendo raios.

Olhei para os seres vivos e vi que havia uma roda por terra, junto a cada um dos quatro seres vivos. Quanto à forma e ao feitio, as rodas eram como o brilho do crisólito. Todas as quatro tinham o mesmo formato. Quanto à forma e ao feitio, eram como se uma estivesse encaixada na outra. Quando se moviam, podiam avançar em cada uma das quatro direções, sem se voltarem enquanto se moviam. As rodas tinham aros, e eu vi que cada um dos quatro aros estava cheio de rebites ao redor. Quando os seres vivos se movimentavam, moviam-se também as rodas ao lado deles. Quando os seres vivos se elevavam do chão, também as rodas se levantavam. Seguiam ao sabor do vento. As rodas elevavam-se junto com eles, pois o espírito dos seres vivos estava nas rodas. Moviam-se quando eles se moviam, paravam quando eles paravam, e quando se elevavam do chão, juntamente com eles elevavam-se as rodas, pois nelas estava o espírito dos seres vivos. Acima das cabeças dos seres vivos havia uma espécie de firmamento, esplêndido como cristal, estendido sobre as cabeças.

Por baixo do firmamento estavam as asas estendidas, uma em direção à outra, sendo que duas delas lhes cobriam o corpo de um e de outro lado. E eu ouvi o rumor das asas: era como o rumor de muitas águas, como a voz do Poderoso; quando se moviam, seu ruído era como o estrépito de um acampamento. Quando paravam, abaixavam as asas. O ruído vinha de cima do firmamento que estava sobre as cabeças; quando paravam, abaixavam as asas.

> Acima do firmamento que estava sobre as cabeças havia algo parecido com safira, em forma de trono, e sobre esta forma de trono, bem no alto, uma figura com aparência humana. E eu vi um cintilar como o do ouro brilhante, envolvendo-a como se fosse fogo, do lado de cima do que parecia ser a cintura. Do lado de baixo do que parecia ser a cintura vi algo como fogo. Estava toda envolta de resplendor. O resplendor que a envolvia tinha o mesmo aspecto do arco-íris que se forma nas nuvens em dia de chuva. Tal era a aparência visível da glória do Senhor. Ao ver isto, caí prostrado e ouvi a voz de alguém que falava (Ez 1,4-28).

Esta magnífica visão, escreve Jung, "é constituída de duas quaternidades bem-ordenadas e combinadas entre si, verdadeiras representações da totalidade, tais como as que observamos ainda hoje, muitas vezes, sob a forma de fenômenos espontâneos" (OC 11/4, § 665). É a culminação do Antigo Testamento considerado como documento psicológico. Assim como uma numinosa imagem-mandala do si-mesmo muitas vezes expressa a consumação de uma análise individual, de igual modo esta visão de Ezequiel completa o processo coletivo de individuação de que o Antigo Testamento é um registro.

A visão desempenhou um papel central no desenvolvimento psicológico da psique ocidental. Os quatro "animais" da visão foram assumidos pela iconografia cristã como representação dos quatro evangelistas, que aparecem nas mandalas cristãs como quatro pilares do trono de Cristo. Era a imagem central no misticismo judaico primitivo, o assim chamado *Merkabah* ou misticismo do trono.

Scholem (1954) escreve:

> O misticismo judaico mais primitivo é o misticismo do trono. Sua essência não é absorta contemplação da

> verdadeira natureza de Deus, mas percepção de sua aparição no trono, conforme descrita por Ezequiel, e o conhecimento dos mistérios do mundo-trono celestial. [...] O trono preexistente de Deus, que incorpora e exemplifica todas as formas de criação, é a um tempo a meta e o tema da visão mística.

A visão de Ezequiel era importante, por consequência, nas especulações dos cabalistas e, por fim, foi colocada em conexão com o pensamento moderno quando Jung a usou como modelo para sua fórmula mais diferenciada do si-mesmo (cf. OC 9/2, § 259ss., e 1973-1975, vol. 2).

Jung enfatiza o fato de que a figura no trono é "uma figura com semblante de homem". "Ezequiel contemplou aquilo que constitui o conteúdo essencial do inconsciente, ou seja, a ideia do homem superior, ao qual Javé sucumbiu moralmente [em seu encontro com Jó] e no qual ele quis mais tarde se tornar" (OC 11/4, § 665). Jung continua:

> Ezequiel expressou, no símbolo, a aproximação de Javé em relação ao homem, fato este que Jó experimentou interiormente, mas do qual provavelmente não tomou consciência: sua consciência era superior à de Javé e por isso Javé quis tornar-se homem. É também em Ezequiel que aparece, pela primeira vez, o título de "Filho do Homem" com o qual Javé se dirige significativamente ao profeta, querendo indicar-lhe talvez desse modo que ele é filho do "Homem" que está no trono, numa prefiguração da revelação posterior de Cristo (OC 11/4, § 667).

Em uma carta, Jung elabora um pouco mais o desenvolvimento da imagem do "Filho do Homem". Ele escreve:

> A fonte e origem imediatas do mito projetado sobre o mestre Jesus devem-se ao Livro de Henoc, muito popular na

> época, e à sua figura central, o "Filho do Homem", com sua missão messiânica. Depreende-se inclusive dos textos evangélicos que Jesus se identifica com este "Filho do Homem". Portanto, é o espírito de sua época, a expectativa e esperança coletivas que produziram esta surpreendente transformação, e não a história mais ou menos insignificante desse homem Jesus. O verdadeiro *agens* é a imagem arquetípica do homem-Deus, que aparece pela primeira vez na história judaica na visão de Ezequiel, mas que é uma figura bem antiga na teologia egípcia, isto é, Osíris e Hórus (1973-1975, vol. 2).

Finalmente ele resume a essência da visão de Ezequiel nas seguintes palavras:

> O confronto com a criatura transforma o Criador. [...] Os dois primeiros pontos são constituídos, de um lado, pela tragédia de Jó e, de outro, pela revelação de Ezequiel. Jó é o sofredor sem causa justa, ao passo que Ezequiel contempla o processo de humanização e de diferenciação que se opera em Javé, e com o título de "Filho do Homem" lhe é indicado que a encarnação e a quaternidade de Deus constituem, por assim dizer, o modelo pleromático deste processo. Isto acontecerá ao homem em geral, e não apenas ao Filho do Homem antevisto desde toda a eternidade, com a transformação e a encarnação de Deus (OC 11/4, § 686).

A conexão que Jung faz da experiência de Jó com a visão de Ezequiel nos chama a atenção para o paralelo entre a provação de Jó e a provação coletiva de Israel no exílio babilônico. Ao suportar a ira de Javé durante os acontecimentos catastróficos de derrota e de cativeiro, e ao buscar diligentemente o sentido desses eventos mediante a visão de seus profetas, Israel é agraciado com uma revelação suprema do plano fundamental da psique mediante a visão de Ezequiel e, desse modo, contribui para a humanização e transformação de Deus.

A redenção da nação, que é pressagiada por Jeremias e por Ezequiel, é realizada por Ciro, a quem Javé chama "meu pastor" (Is 44,28) e meu "ungido" (Is 45,1). Os cativos são libertados e instruídos a "subir a Jerusalém, que fica na Judeia, para ajudar na construção do templo do Senhor, o Deus de Israel" (Esd 1,3). No tempo oportuno, o templo foi reconstruído e isso foi seguido pela restauração da comunidade e pela reconstrução dos muros em Jerusalém pelos esforços de Esdras e Neemias.

A comunidade renascida e o templo restaurado podem ser vistos como expressões da "nova aliança" de Jeremias, e a revelação de Ezequiel de um novo Javé humanizado, que culminam o Antigo Testamento. Destarte, as Escrituras hebraicas, conforme a disposição judaica, terminam com o Livro das Crônicas, cujo versículo final reza:

> Assim fala Ciro, rei da Pérsia: O Senhor, Deus do céu, entregou-me todos os reinos da terra. Ele me encarregou de lhe construir um templo em Jerusalém, que fica em Judá. Quem de vós faz parte da totalidade de seu povo? Que o Senhor Deus esteja com ele! E que vá para lá (2Cr 36,23).

13 Emergência do feminino

Imediatamente subsequente ao relato bíblico da restauração de Israel do cativeiro babilônico vêm Ester, Jó e a literatura sapiencial. Conforme sugerido previamente, o Livro de Jó é o ponto central do Antigo Testamento[55]. Em ambos os lados de Jó situam-se as duas grandes figuras femininas do Antigo Testamento, Ester e a Sabedoria Divina, conforme esta aparece nos Salmos, nos Provérbios e é personificada como a Sulamita do Cântico dos Cânticos. O grande encontro transformador de Jó com Javé tem seu prelúdio no encontro de Ester com o Rei Assuero.

Ester

Ao longo de sua história de três mil anos, os judeus têm sido um símbolo visível do destino da alma piedosa que é obrigada a viver em um mundo pagão. A essência deste simbolismo histórico é captada no notável Livro de Ester.

---

55. Para um comentário sobre a importância psicológica de Jó, cf. Edinger, *Creation of Consciousness*, cap. 3, *Encounter with the Self*.

A história desenrola-se na corte de Assuero (Xerxes, que reinou entre 485-465 a.C.) em Susa, onde viviam também os judeus da Diáspora. O drama começa quando um rei embriagado, enquanto se banqueteava, ordena à Rainha Vasti que apareça a fim de que ele possa exibir a beleza dela. A rainha recusa-se e, em sua ira, Assuero desterra-a. Psicologicamente, isto descreve a condição inconsciente do psíquico dominante reinante (rei), cujas arrogantes presunções são desafiadas pela recusa em obedecer a elas. O princípio do poder, o traço essencial do paganismo, é frustrado pelo princípio do *eros* feminino, que exige consideração igual. Este conflito entre os opostos (poder e amor) abre um espaço para que um novo elemento entre no quadro. O rei deve escolher uma nova rainha, e sua escolha recai sobre Ester.

Como judia, Ester representa o fator divino ou transpessoal. Isto significa que a questão da individuação mostrou o ar de sua graça. A relação entre os opostos, e entre o homem e a mulher, já não pode ser governada pelo poder, mas deve agora ser determinada pela exigência da totalidade. Contudo, esta transformação não é alcançada sem a superação de grande resistência.

Logo depois de Ester tornar-se rainha, uma trama dos eunucos para assassinar o rei foi descoberta por Mardoqueu, tio de Ester, e reportada ao rei por Ester (Est 2,21-23). Lembrando que *post hoc, ergo propter hoc* [depois disso, logo por causa disso] é apropriado para a interpretação de sonhos e mitos, podemos compreender a conspiração dos eunucos como a simbolizar o perigoso estado do reino que é resgatado do desastre pela chegada de Ester ao trono. Os eunucos, incapazes de relacionar-se com mulheres, representam a atitude tirânica do rei, a qual não concede nenhuma autonomia ao princípio feminino e nenhum espaço para a interação dos opostos. Esta atitude ameaçava destruir o rei, que foi salvo somente por Mardoqueu e Ester, que trouxeram a consciência transpessoal.

De modo característico, esse incremento da consciência é seguido por um contragolpe do inconsciente. Amã agora se torna a imagem do voluntarioso motivo de poder e, como desforra pela recusa de Mardoqueu em prostrar-se diante dele, trama a aniquilação dos judeus. Para evitar esta catástrofe, Ester é solicitada a realizar seu ato heroico de confrontação.

Em sua trama para massacrar os judeus, Amã engana o rei dizendo-lhe: "no meio dos povos, espalhado em todas as províncias de teu reino, existe um povo separado dos outros" (Est 3,8), e obtém a permissão para emitir ordens para o morticínio. A carta esboçada por Amã, em nome do rei, tem, em parte, o seguinte conteúdo:

> Ora, tendo ouvido os meus conselheiros, [...] um deles denunciou-nos a existência de um povo mal-intencionado, misturado a todas as tribos do mundo, que por suas leis se opõe a todas as nações e constantemente despreza as ordens reais, a ponto de ser um obstáculo ao governo que exercemos para a satisfação geral. Considerando, pois, que a referida nação, única em seu gênero, se acha sob todos os aspectos em conflito com toda a humanidade, desta difere por um regime de leis estranhas, é hostil aos nossos interesses e comete os piores delitos até ameaçar a estabilidade de nosso reino: por esses motivos, ordenamos que todas as pessoas que vos forem indicadas na carta de Amã, encarregado da administração e para nós um segundo pai, sejam radicalmente exterminadas, inclusive mulheres e crianças, pela espada de seus inimigos, sem piedade ou consideração alguma, no dia catorze do duodécimo mês, isto é, Adar, do presente ano (Est 3: B,3-6)[56].

56. Esta passagem deriva da Septuaginta, e não faz parte dos cânones hebraico e protestante.

Esta carta estabelece claramente os judeus como a simbolizar a individuação. Como portadores da consciência-Deus, são obstáculos insuportáveis para toda tirania. A subordinação ao si-mesmo é detestável para o eu, impulsionado pelo poder, e ele recorre à violência em um esforço desesperado para conservar sua posição. O próprio rei não estava consciente de quais pessoas ele estava permitindo que Amã exterminasse. É como se Amã, a sombra-poder do rei, tivesse jogado areia em seus olhos e estivesse agindo fora da consciência real. Nesta situação era necessário que os fatos fossem levados ao conhecimento do rei. Mardoqueu, portanto, instou Ester a ir "ao rei implorar clemência e defender a causa do povo ao qual ela pertencia" (Est 4,8).

Ester é colocada em um dilema desesperador. Pede-se que ela se aproxime do rei, não obstante o fato de "que para qualquer homem ou mulher que penetre sem ser chamado até o átrio interior da casa real não há senão uma sentença: deve morrer, a menos que o rei lhe estenda seu cetro de ouro, para que viva" (Est 4,11). Corajosamente, Ester decide assumir o risco. Ele começará com um jejum; "depois disso e apesar da proibição, irei até o rei; e, se for preciso morrer, morrerei" (Est 4,16).

> Ultrapassando todas as portas, ela se pôs diante do rei. Ele estava sentado no trono real, revestido com todos os ornamentos das aparições solenes, resplandecente em ouro e pedras preciosas: parecia terrível. Erguendo o rosto radiante de majestade, no auge do furor, lançou um olhar. A rainha, sucumbindo, apoiou a cabeça sobre a serva que a acompanhava, empalideceu e desmaiou (Est 5,1 – BJ).

Deus mudou o coração do rei e o inclinou à mansidão. Ansioso, ele precipitou-se do trono e a tomou em seus braços até que ela se recuperasse, reconfortando-a com palavras tranquilizadoras. "O que há, Ester?", perguntou ele. "Eu sou teu irmão! Coragem! Tu não morrerás! Nossa ordem é apenas para o povo em geral". Aproxima-te! Erguendo o cetro de ouro, ele o pousou sobre o pescoço de Ester, beijou-a e lhe disse: "Fala comigo!"

> Senhor, disse-lhe ela, "eu te vi semelhante a um anjo de Deus. Então meu coração se perturbou e eu tive medo de tua majestade. Pois tu és admirável, senhor, e teu rosto cheio de encantamento". Enquanto ela falava, desmaiou. O rei ficou perturbado, e todos os cortesãos procuravam reanimá-la. "Que há, Rainha Ester?", disse-lhe o rei. "Qual é o teu pedido? Ainda que seja a metade do reino, tu o terás". Ester respondeu: "Se bem te parecer, que o rei venha hoje com Amã ao banquete que lhe preparei" (Est 5,2-4)[57].

Com medo e a tremer, a alma feminina confronta o *numinosum* masculino que lhe aparece "semelhante a um anjo de Deus". Tal como a Psique a contemplar o Eros, Ester desobedece à lei e aproxima-se do proibido. Contudo, a ação de Ester está em um nível mais consciente do que o nível da Psique, e, por essa razão, não tem as consequências negativas que a ação da Psique teve. Em vez disso, o ato de Ester tem o efeito imediato de aumentar a consciência do rei. À medida que lê o livro das crônicas régias, ele é lembrado da lealdade de Mardoqueu e do fato de que ele não tinha sido recompensado por descobrir a conspiração contra o rei. A consequência desse incremento da consciência é que Amã e Mardoqueu invertem

57. Esta passagem inclui os acréscimos apócrifos da Septuaginta.

as posições. Mardoqueu torna-se primeiro-ministro, e Amã é enforcado no patíbulo destinado a Mardoqueu. A sombra tirânica é desmascarada, e os judeus, os representantes da individuação, estão salvos.

Sabedoria divina

Em *Resposta a Jó*, Jung demonstra que o encontro de Javé com Jó teve um efeito em Javé.

> Nessa mesma ocasião, ou um pouco mais tarde, torna-se notório o que acaba de acontecer: Ele se recorda de um ser feminino que não lhe é menos agradável do que aos homens, amiga e companheira desde tempos imemoriais, primogênita de toda a criação, resplendor sem mácula de sua glória desde toda a eternidade e artífice da obra da criação; ela é muito mais próxima e íntima ao seu coração do que os descendentes tardios do Protoplastes (o homem primordial), criados numa fase posterior e marcada com o selo da imagem de Deus. Parece que o fundamento da anamnese desta Sofia é uma *dira necessitas* (uma necessidade implacável): as coisas não podiam continuar como até então; o próprio Deus "justo" não podia mais cometer injustiças e "Aquele que tudo sabe" não podia mais se comprometer com um homem inconsciente e despreocupado. A autorreflexão torna-se uma necessidade imperiosa, e para isto precisa da Sabedoria. Javé é forçado a lembrar-se de que é portador de uma natureza absoluta, pois se Jó conhece a Deus, este também deve conhecer-se a si mesmo. Era impossível que a dupla natureza de Deus se tornasse notória a todo mundo e só ficasse oculta a Ele mesmo. Quem conhece a Deus age sobre Ele. A fracassada tentativa de arruinar Jó provocou uma transformação em Deus (OC 11/4, § 671).

Na literatura canônica, a Sabedoria está descrita principalmente no Livro dos Provérbios. Ali ela descreve a si mesma como equivalente ao Logos preexistente, a companheira do Deus criador:

> O Senhor criou-me como início de sua ação,
> antes de suas obras mais remotas.
> Desde tempos imemoriais fui constituída,
> desde as origens, desde os primórdios da terra.
> Nasci quando não existiam os oceanos,
> quando não havia fontes de águas abundantes.
> Antes que fossem fixados os montes,
> antes das colinas fui dada à luz.
> [...]
> quando [...] lançava os fundamentos da terra,
> eu estava ao seu lado como mestre de obras;
> entusiasmando-me, dia após dia,
> brincando todo o tempo em sua presença,
> divertindo-me em seu orbe terrestre,
> entusiasmando-me pelas criaturas humanas
> (Pr 8,22-25.30-31).

Outra fonte para a biografia da Sabedoria é o Eclesiástico, onde ela se iguala à presença divina de Javé. "Saí da boca do Altíssimo /e como névoa recobri a terra. /Habitava nas alturas do céu /e meu trono estava numa coluna de nuvens" (Eclo 24,3-4). Esta passagem equipara a Sabedoria à Chequiná [habitação], à glória de Javé, que é descrita no Sl 19,2-5:

> Os céus narram a glória de Deus, e o firmamento proclama a obra de suas mãos.
>
> Um dia a outro dia transmite a mensagem, uma noite a outra noite comunica a notícia.

> Sem discurso e sem palavras,
> sem que se ouça sua voz,
> por toda a terra se estende seu eco,
> e até os confins da terra, sua fala.

Dito de outra forma, a Sabedoria é a *anima mundi*, a matriz ou a rede invisível que mantém intercomunicações entre todas as coisas. Seu papel como criadora do mundo baseia-se na ideia de que ela contém os padrões ou modelos originais de todas as coisas. De acordo com Von Franz (1966),

> na literatura patrística, ela era interpretada principalmente como o Cristo, o Logos preexistente, ou como a soma das *rationes aeternae* (formas eternas), das "causas primordiais do autoconhecimento", amostras, ideias e protótipos na mente de Deus. Ela era considerada também o *archetypus mundus*, "aquele mundo arquetípico a cuja semelhança este mundo sensível foi feito", e mediante o qual Deus se torna consciente de si mesmo. *Sapientia Dei* é, assim, a soma das imagens arquetípicas na mente de Deus.

Tomás de Aquino expressa a mesma ideia:

> A divina sabedoria cogitou a ordem do universo, consistente na distinção das coisas. E, portanto, é necessário admitir-se que na divina sabedoria estão as razões de todas as coisas, a que chamamos antes ideias, isto é, formas exemplares existentes na mente divina (ST I, q. 44, a. 4).

Do ponto de vista psicológico, é extremamente significativo que a Sabedoria Divina apareça somente depois do encontro de Jó com Javé. Isto significa que, da parte do eu, a realização consciente da natureza da psique primordial, o estado virginal, intocado pela reflexão consciente, provoca uma transformação dentro do próprio inconsciente. A Sabedoria Divina é a fonte criadora e preexistente do mundo manifesto (eu), mas isso acontece inconscientemente. Ela não o sabe e não chega à existência visível até que o eu tenha descoberto o inconsciente, que se tenha distinguido dele e percebido sua natureza objetiva. Desse modo, Jó é obrigado a lembrar a Javé que Ele o criou.

> Teus dias duram como os de um mortal
> e teus anos, como os de um humano,
> para investigares minha culpa
> e sondares meu pecado?
> No entanto, sabes: eu não sou culpado
> e ninguém me livrará de tua mão.
> Tuas mãos me modelaram e me criaram
> e, em seguida, queres destruir-me?
> Lembra-te de que me fizeste de argila,
> e agora queres devolver-me ao pó?
> Não me derramaste como leite
> e me coalhaste como um queijo?
> De pele e carne me vestiste,
> de ossos e de nervos me teceste.
> Vida e amor me concedeste,
> e tua solicitude conservou-me o alento (Jó 10,5-12).

A "retidão" ou "integridade" consiste no fato de que ele jamais se esquece de que *o eu não cria a si mesmo*. O inconsciente cria o eu, mas esquece-o ou, ao contrário, jamais o conheceu. Este conhecimento vem somente quando o eu alcança desenvolvimento suficiente, a ponto de poder recusar-se a assumir a responsabilidade por tudo na psique. Nessa altura, o eu já não é idêntico à psique; a psique torna-se uma realidade objetiva, e a Sabedoria Divina pode despertar para a consciência de sua existência. O eu tornou-se um espelho refletor para a consciência emergente do si-mesmo.

O resgate da Sabedoria de seu tenebroso abraço com a matéria é um importante mito gnóstico. Jung escreve:

> Em Simão Mago é Helena, a *meter* (mãe) e *ennoia* (pensamento) [...] que desceu às regiões inferiores e produziu os anjos, as potestades e os firmamentos. Ela é mantida presa, à força, pelos poderes inferiores (Irineu, I, 29,1-4). Um análogo disto é a concepção alquímica, bem posterior, da alma "aprisionada em cadeias". [...] A alma voltou-se, uma vez, para a matéria, enamorou-se dela e, ardendo do desejo de sentir os prazeres corporais, não quis mais separar-se dela. Foi assim que nasceu o mundo. [Na *Pistis Sophia,* Sophia], enganada pela falsa luz do demônio Autades, ela cai prisioneira do caos (OC 9/2, § 307, nota 33).

Os sonhos podem representar o encontro com a Sabedoria divina (a *anima mundi*) como luz brilhando na escuridão; por exemplo este sonho de um homem de meia-idade:

> Está escuro, mas há na escuridão uma luminosidade indescritível. Uma escuridão que, de alguma forma, brilha. Há nela uma bela mulher de ouro, com uma face quase igual à da Mona Lisa. Percebo que o brilho emana de um colar que ela usa. É um colar bastante delicado: pequenos cabochões de turquesa, cada um deles circundado por ouro esverdeado. Tem um grande significado para mim, como se houvesse uma mensagem na imagem completa, se eu conseguisse ver além do seu aspecto ilusório[58].

A Sabedoria partilha com Afrodite e com o Espírito Santo o simbolismo da pomba. Os gnósticos dizem, de acordo com

58. Para uma discussão mais completa deste sonho, cf. Edinger, 2020.

Irineu: "Ela [a Sofia] desce em forma de pomba à água e aí gera Saturno, que é idêntico a Javé" (como citado em OC 9/2, § 307). Um sonho pessoal de Jung recorre a essa imagem. Aproximadamente durante o Natal de 1912, ele sonhou:

> Encontrava-me numa esplêndida *loggia* italiana, com colunas, piso e balaustrada de mármore. Estava sentado numa cadeira dourada de estilo renascentista, diante de uma mesa de rara beleza, talhada em pedra verde, semelhante à esmeralda. Sentado, olhava a paisagem a distância, pois a *loggia* ficava situada no alto da torre de um castelo. Meus ·filhos também estavam sentados à mesa.
>
> De repente um pássaro branco baixou; era uma gaivota pequena ou uma pomba. Pousou graciosamente na mesa, perto de nós; fiz um sinal às crianças que não se movessem a fim de não assustar o belo pássaro branco. No mesmo instante a pomba transformou-se numa menina de cerca de 8 anos, de cabelos de um louro dourado. Ela saiu correndo com meus filhos e, juntos, começaram a brincar nas maravilhosas colunatas do castelo.
>
> Eu continuava mergulhado em meus pensamentos, refletindo sobre o que acabara de acontecer. A menina voltou nesse instante e cingiu-me afetuosamente o pescoço com um braço. De repente desapareceu e em seu lugar surgiu novamente a pomba falando com voz humana e lenta: "Só nas primeiras horas da noite posso transformar-me num ser humano, enquanto o pombo cuida dos doze mortos". Dizendo isto, levantou voo no espaço azul e eu despertei (Jung, 1963).

Este sonho pressagiou o encontro de Jung com o inconsciente coletivo. Considero a menina-pomba como manifestação da Sabedoria Divina encarnando-se em Jung. O fato de ter corrido para brincar com as crianças é, provavelmente, uma referência à conexão inicial com o inconsciente mediante brincadeiras infantis (Jung, 1963).

A meta do opus alquímico era chamada de Pedra Filosofial, ou seja, a pedra criada pelos amantes da Sabedoria. É, de fato, a Sabedoria encarnada. Um alquimista exclama:

> Desde o começo de meu nascimento, busquei-a e não sabia que ela era a mãe de todas as ciências que existiam antes de mim. Ela concedeu-me inúmeras riquezas, que eu aprendi sem astúcia e comunicarei sem inveja, e sem esconder-lhe o valor. De fato, ela é um tesouro infinito para todas as pessoas. [...] O Sênior diz igualmente: efetivamente, há uma pedra que aquele que conhece põe-na sobre os olhos, mas aquele que não conhece, lança-a na esterqueira, e é um remédio que afugenta a pobreza, e depois de Deus, o ser humano não possui coisa melhor (Von Franz, 1966).

A Sabedoria é a personificação feminina do inconsciente que suspira por ser conhecido por seu filho ou filha, o eu; e, assim, alcançar a realização.

> A sabedoria exalta seus filhos
> e cuida dos que a procuram.
> Quem ama a sabedoria ama a vida;
> e os que a procuram desde a aurora serão repletos de alegria.
> Quem a possui terá a honra por herança;
> e, para onde quer que vá, o Senhor o abençoará.
> Quem a venera presta culto ao Santo;
> pois o Senhor ama os que amam a sabedoria.
> Quem a escutar julgará as nações;
> quem a ela se dedicar viverá tranquilo.
> Se alguém nela confiar, há de obtê-la em herança;
> e seus descendentes conservarão sua posse.

Primeiro, ela o acompanhará por caminhos tortuosos,
trazendo-lhe medo e temor;
irá causar-lhe incômodo com a sua disciplina
até que possa confiar nele, e o experimentará com seus preceitos.
A seguir, retornará diretamente para ele,
alegrando-o e revelando-lhe seus segredos (Eclo 4,11-18).

14 *Coniunctio*: o Cântico dos Cânticos

O Cântico dos Cânticos é um poema de *coniunctio*, um drama de amor que expressa a união dos opostos[59]. Durante séculos de comentários, os amantes receberam diversas identificações[60], sendo que todas podem ser consideradas sob a imagem da *coniunctio* como a reconciliação dos opostos no processo de individuação. O sábio judeu Saadia afirma que "o Cântico dos Cânticos assemelha-se a fechaduras cujas chaves foram perdidas" (Pope, 1977). A chave perdida agora foi encontrada pela psicologia do profundo.

O poema descreve as vicissitudes de dois amantes, o Noivo e sua Amada, a Sulamita. Para fins de exposição, dividirei a história em uma sequência de dez imagens.

1. *A Sulamita, bronzeada pelo sol, trabalha nas vinhas de seus irmãos e anseia pelo Noivo* (1,1–2,7). A história começa em uma condição de servidão

---

59. Diz Jung: "Os fatores que se unem na *coniunctio* são concebidos como opostos, que ou se opõem como inimigos ou se atraem amorosamente um ao outro" (OC 14/1, § 1).

60. Cf. Marvin H. Pope, "Song of Songs", *Anchor Bible*, introdução. Sou grato a Pope pela abrangente coleta de material importante.

> Eu sou negra e formosa,
> ó filhas de Jerusalém,
> como as tendas de Cedar,
> como os pavilhões de Salma.
> Não estranheis a minha cor!
> Foi o sol que me bronzeou:
> os filhos de minha mãe, aborrecidos comigo,
> puseram-me a cuidar das vinhas;
> da minha própria vinha não pude cuidar (Ct 1,5-6).

A Noiva e o Noivo, rigorosamente falando, representam os opostos que constituem o si-mesmo e são, ou deveriam ser, bastante separados do eu. Na prática, porém, o eu é mais ou menos identificado com um ou com ambos à medida que o drama arquetípico de desenrola na alma do indivíduo.

A condição inicial é de negrura e de cativeiro, correspondendo ao *nigredo* alquímico. Os comentadores judeus associaram a negrura da Sulamita aos pecados de Israel. De acordo com o Targum, "quando a Casa de Israel fez o bezerro de ouro, seus rostos tornaram-se escuros como os etíopes que habitam nas tendas de Cedar. Quando eles voltaram à penitência, e sua culpa foi-lhes perdoada, o precioso esplendor de seus rostos cresceu como os anjos" (Pope, 1977). R. Levi bem Haytha interpretou a negrura como a significar: "eu sou negra durante os dias da semana, e formosa no Sabá; negra em todos os dias do ano, e formosa no Dia da Unção; negra neste mundo, e formosa no mundo vindouro" (Pope, 1977).

De acordo com Pope (1977),

> Os Padres Gregos, aplicando este versículo a toda a Igreja, relacionaram a negrura ao elemento gentio, e a formosura ao hebreu. O negro e o belo eram também aplicados à mis-

> tura de santos e pecadores, que constitui a Igreja. A Virgem Maria também teve seus dias escuros e seus belos momentos, como quando sua reputação foi obscurecida pela maledicência em razão de sua gravidez pré-marital, posto que fosse cheia de graça; e dias negros também como Mãe das Dores, quando ficou junto à cruz e foi desprezada com seu Filho, mas maravilhosa na alegria da ressurreição dele.

Os alquimistas usaram a imagem da Sulamita negra como "a personificação feminina da *prima materia* no estado de negrura" (OC 14/2, § 258). Um texto cita-a como se estivesse atribuindo sua negrura ao pecado original de Eva: "Oh! como a serpente atraiu Eva! O que devo mostrar com minha cor negra e pegajosa" (OC 14/2, § 257). Jung diz: "Do ponto de vista psicológico, essa figura significa a *anima* no estado inconsciente" (OC 14/2, § 258). Ela representa a *anima mundi* ou a Sofia gnóstica presa no abraço escuro da *physis*.

A Sulamita diz-nos que ela é cativa de seus irmãos, forçada a trabalhar nas vinhas deles. A expressão "irmãos" tem sido compreendida como "os caldeus de Nabucodonosor, que destruíram Jerusalém e levaram Judá cativo" (Pope, 1977). Na perspectiva psicológica, o trabalho forçado dos irmãos nas vinhas simboliza a subordinação do princípio feminino ao masculino, ou a submissão da psique viva à racionalidade abstrata. Esta condição inicial clama por resgate e redenção.

2. *O Noivo vem até à Sulamita como a vinda da primavera* (2,8-17)

> É a voz do meu amado!
> É ele que vem saltando pelos montes,
> transpondo as colinas.
> O meu amado parece uma gazela,
> um filhote de corça,

parado atrás de nossa parede,
espiando pelas janelas,
espreitando através das grades.
O meu amado me fala e diz:
Levanta-te, minha querida,
vem comigo, minha formosa!
Eis que o inverno já passou,
passaram as chuvas e se foram.
Aparecem as flores na terra,
chegou o tempo da poda,
a rolinha já faz ouvir seu arrulho em nossa região (Ct 2,8-12).

Com a vinda do Noivo, a Sulamita obtém os primeiros lampejos de sua redenção. O Targum aplica o "saltar" e o "transpor" à libertação dos judeus da escravidão no Egito. "Eles saltaram por cima da data terminal por virtude do mérito de seus pais (montanhas) e pularam por cima do tempo da servidão de cento e noventa anos para a justiça de suas mães, que são comparadas às colinas" (Pope, 1977). Os comentadores cristãos consideravam a voz do Amado como a de Cristo imediatamente antes de seu Advento, ou a voz seria o "chamado à ressurreição antes da segunda vida" (Pope, 1977). Novamente, "Cristo vem até nós saltando enquanto estudamos a Sagrada Escritura, de passagem em passagem, sobre as colinas do Antigo Testamento, e sobre as montanhas mais elevadas e mais conspícuas do Novo Testamento" (Pope, 1977).

O Noivo é identificado com a primavera, trazendo flores e o "verdor abençoado" ("O verde gramado nos sirva de leito" – Ct 1,16). O crescimento miraculoso de flores e de vegetação é uma característica da *coniunctio*. Acontece, por exemplo, com a união de Zeus e Hera no Livro XIV da *Ilíada*:

> Falou; e nos seus braços tomou a esposa o filho de Crono.
> Debaixo deles a terra divina fez crescer relva fresca,
> a flor de lótus orvalhada e açafrão e jacintos macios
> em profusão, que os mantiveram acima do solo.
> Foi nesse leito que se deitaram, ocultando-se numa nuvem
> bela e dourada, a qual destilava gotas reluzentes (versos 346-352).

Atribui-se à Pedra Filosofal o poder do princípio da vegetação para estimular árvores, plantas, flores, "assim como o modo de produzi-las e de fazê-las crescer, florescer e gerar frutos; o modo de aumentar-lhes a cor e o cheiro, quando e onde desejarmos" (Edinger, 2020). Um texto alquímico cita a Sulamita negra (*prima materia*) a dizer: "eu estou solitária no meio das coisas ocultas; mas apesar disso me alegro, e aliás de coração, porque posso viver oculta e me recreio em mim mesma. Mas sob minha negrura trago escondida a mais bela cor verde" (OC 14/2, § 288). Jung comenta esta passagem da seguinte maneira:

> O estado da transformação incompleta, apenas desejada e esperada, parece segundo isso ser não apenas tormento, mas também felicidade positiva, ainda que oculta. Com isso se descreve o estado de uma pessoa, que em sua peregrinação pelas peripécias da transformação psíquica, a qual muitas vezes se parece antes com o sofrimento do que com qualquer outra coisa, encontra uma alegria oculta que a reconcilia em seu isolamento aparente. No trato consigo mesma não acha ela enfado mortal nem melancolia, mas encontra um parceiro com quem se pode conviver, e, até mais ainda, um relacionamento que se parece com a felicidade de um amor secreto, ou uma primavera oculta, em que brota do chão aparentemente ressecado

uma verde sementeira, promissão de futura colheita. Do ponto de vista alquímico, trata-se da *benedicta viriditas* (verdor abençoado), que de uma parte como *leprositas metallorum* indica o azinhavre, mas de outra parte também (significa) a morada oculta do espírito divino da vida em todas as coisas (OC 14/2, § 289).

3. *A solitária Sulamita levanta-se do leito e busca pelas ruas o Amado* (3,1-2)

Em meu leito, durante a noite,
busquei o amor da minha vida:
procurei, mas não o encontrei.
Vou levantar-me e percorrer a cidade,
as ruas e praças,
procurando o amor da minha vida:
Procurei, mas não o encontrei.

O encontro no capítulo 2 foi apenas fugaz, e agora, uma vez mais, a Sulamita está buscando o Noivo. Alguns têm sugerido que buscá-lo no "leito, durante a noite" refere-se a um sonho (Pope, 1977). Um Targum identificou o Amado ausente como a Presença Sagrada que havia abandonado Israel:

Disseram os israelitas uns aos outros: "Levantemo-nos, e vamos cercar a Tenda da Reunião que Moisés estendeu fora do acampamento, e peçamos instruções a Javé e à Presença Sagrada que nos foi tirada". Em seguida, saíram pelas cidades, pelas ruas e praças, mas não puderam encontrar (a Presença Sagrada) (Pope, 1977).

Os comentadores cristãos habitualmente têm compreendido o objeto da busca como sendo o Cristo, especialmente a busca pelo Cristo morto em Jo 20,11-18. Um admirável texto alquímico aplica o drama da Sulamita ao opus alquímico.

> Voltai-vos para mim de todo o coração, e não me rejeiteis, porque sou negro e escuro, porque o sol mudou-me a cor, e as águas cobriram meu rosto, e a terra foi poluída e contaminada em minhas obras; de fato, havia trevas sobre ela, porque estou atolado no lodo do abismo e minha substância não foi revelada. Por isso, das profundezas tenho gritado, e do abismo da terra com minha voz a todos vós que passais pelo caminho. Prestai atenção e vede-me, se qualquer um encontrar alguém semelhante a mim, colocarei em suas mãos a estrela da manhã. Pois eis que, em meu leito, à noite, busquei quem me confortasse, mas não encontrei ninguém; chamei, e não havia ninguém para responder-me. Portanto, levantar-me-ei e entrarei na cidade, a buscar pelas ruas e estradas uma virgem casta para desposar, formosa de rosto, mais formosa ainda de corpo, formosíssima nas vestes, para que possa rolar para trás a pedra da porta de meu sepulcro e dar-me asas como a uma pomba, e voarei com ela para o céu e, então, direi: vivo eternamente (Von Franz, 1966).

Nesta passagem, a Pedra Filosofal identificada com a Sulamita, sepultada na *prima materia*, requer redenção por sua realização consciente na *coniunctio*.

4. *A Sulamita encontra o Noivo. Ele vem como uma procissão régia do Rei Salomão* (3,4-11)

> O que vem a ser aquilo que sobe do deserto,
> como coluna de fumaça,
> exalando mirra e incenso
> e todos os perfumes dos mercadores?
> É a liteira de Salomão,
> escoltada por sessenta guerreiros
> dos mais valorosos de Israel.
> Todos são espadeiros treinados para o combate;

cada qual leva a espada na cintura,
por temor de perigos noturnos.
O Rei Salomão mandou construir uma liteira
de madeira do Líbano:
fez colunas de prata, encosto de ouro e assento de púrpura;
o interior adornado com amor pelas filhas de Jerusalém (3,6-10).

Esta passagem apresenta o segundo encontro do si-mesmo. Desta vez ele não é selvagem e saltitante, mas solene e majestoso. Os comentadores equiparam a "coluna de fumaça" à coluna de nuvens durante o dia e à coluna de fogo durante a noite, as quais indicavam a presença divina durante a peregrinação dos israelitas no deserto (Pope, 1977). Considera-se que "Salomão" representa tanto Javé quanto o Messias (Pope, 1977). O "trono" de Salomão (*appiryon*, carruagem, AV) é um *hápax legomenon*[61] e parece designar algum tipo de liteira ou trono portátil (Pope, 1977). Os intérpretes judeus relacionam o termo ao Tabernáculo ou ao Templo, e os comentadores cristãos aplicam-no à Igreja. De acordo com Filo de Carpasia, "assim como o Cristo primeiro fez seu próprio corpo humano ser a liteira na qual a Divindade é carregada, assim fez da Igreja o veículo no qual ele, o homem-Deus, seria levado em procissão entre as pessoas para as quais ele vem como Rei e Conquistador" (Pope, 1977).

5. *A Noiva e o Noivo encontram-se no jardim. O Noivo louva a Noiva, mas é ferido por ela* (4,1–5,1)

Como és formosa, minha querida!
como és linda,
com teus olhos de pomba,
na transparência do véu!

61. A expressão significa "uma palavra que ocorre apenas uma vez em um discurso".

> Teus cabelos são como um rebanho de cabras,
> esparramando-se pelas encostas do Monte Galaad.
> Teus dentes são como um rebanho de ovelhas tosquiadas,
> recém-saídas do lavadouro;
> todas elas deram gêmeos
> e nenhuma ficou sem crias.
> Teus lábios são fitas de púrpura,
> de fala melodiosa.
> Tuas faces são metades de romã,
> na transparência do véu.
> Teu pescoço é como a torre de Davi,
> construída com defesas,
> da qual pendem mil escudos
> e armaduras de todos os heróis.
> Teus seios são como duas crias, gêmeos de gazela,
> pastando entre lírios (4,1-5).

Para os intérpretes judeus, a beleza da Noiva se refere à devoção à lei. Para os cristãos, a referência é tanto à Igreja quanto à alma contemplativa inflamada pelo desejo de Deus (Pope, 1977). Para os judeus, seus dois seios, olhando para o passado, são Moisés e Aarão; olhando para o futuro, são os dois messias. Para os cristãos, são os dois testamentos, os preceitos gêmeos, o amor a Deus e o amor ao próximo, o sangue e a água que brotaram do lado do Cristo crucificado etc. (Pope, 1977).

O encontro no jardim inclui tanto dor quanto prazer. O Noivo está ferido:

> Roubaste meu coração,
> minha irmã e minha noiva,
> roubaste meu coração com um só de teus olhares (4,9).

A versão Douay diz: "Feriste meu coração com um dos teus olhos". Esta imagem refere-se ao efeito ofensivo de *ser visto pelo "outro"*. Um dos aspectos da *coniunctio* é que os opostos são vistos um pelo outro: o eu é visto pelo si-mesmo, e o si-mesmo é visto pelo eu. Cada um se torna objeto de conhecimento e de percepção do outro, o que tem um efeito ofensivo ou violador (Edinger, 1984). Conforme nos diz Jung, "a integração de conteúdos que sempre estiveram inconscientes e projetados significa uma grave lesão do eu" (OC 16/2, § 472). Da mesma maneira, o si-mesmo, em seu estado inconsciente original, é ferido no processo de realização consciente. Tal como o eu é "esvaziado" pelo encontro com o "outro", assim também é o si-mesmo. Este tema vem expresso na doutrina da *kenosis*, baseado em Fl 2,6-7, que descreve a encarnação de Cristo como um processo de esvaziamento. "Ele, subsistindo na condição de Deus, / não se apegou / à sua igualdade com Deus. /Mas esvaziou-se a si mesmo, / assumindo a condição de escravo, / tornando-se solidário com os seres humanos". O tema do "esvaziamento" também aparece no conceito de *Tsimtsum*, conforme desenvolvido na Cabala de Isaac Luria. Scholem (1954) descreve *Tsimtsum* como segue:

> Em resumo, significa que a existência do universo é possibilitada por um processo de encolhimento em Deus. [...] Se Deus é "tudo em todos", como pode haver coisas que não sejam Deus. [...] [Assim] Deus foi obrigado a criar espaço para o mundo abandonando, por assim dizer, uma região dentro de si mesmo, um tipo de espaço místico primordial do qual ele se retirou a fim de retornar a ele no ato da criação e da revelação.

O encontro entre Deus e o mundo (si-mesmo e eu) envolve um ferimento ou diminuição de Deus. Honório aplica esta imagem a Cristo e à Igreja.

> Antes já feriste meu coração quando por causa de teu amor fui flagelado, a fim de fazer de ti minha irmã... Novamente feriste meu coração quando por amor de ti eu pendia da cruz, a fim de fazer de ti minha esposa que participasse da glória (citado em OC 14/1, § 25).

6. *O Noivo bate à porta da Sulamita, mas ela é lenta em responder, e ele se vai* (5,2-6)

> Eu estava dormindo, mas meu coração velava.
> Ouvi a voz do meu amado, que está batendo.
> Abre, minha irmã e minha querida,
> minha pomba, meu primor!
> Pois tenho a cabeça molhada de orvalho,
> e do sereno da noite, minha cabeleira.
> Já despi minha túnica:
> hei de vesti-la novamente?
> Já lavei os meus pés:
> hei de sujá-los outra vez?
> O meu amado meteu a mão na fechadura,
> fazendo-me estremecer em meu íntimo.
> Levantei-me para abrir ao meu amado,
> minhas mãos gotejando mirra;
> de meus dedos a mirra escorria sobre o trinco da fechadura.
> E então abri ao meu amado,
> mas o meu amado já se tinha retirado, ido embora.
> Minha alma desfalecia quando ele falava... (5,2-6).

A referência ao sono sugere que esta passagem pode aludir a um sonho (Pope, 1977). Certamente, uma batida à porta a que alguém reluta em responder é um tema onírico comum, representando um conteúdo inconsciente tentando ganhar admissão à consciência. A *coniunctio* é tanto desejada quanto temida. De longe, ela é a fonte de todo desejo[62], mas uma batida à nossa porta é objeto de terror. Uma vez vista e, depois, perdida, é motivo de desespero.

7. *A Sulamita sai novamente em busca do Noivo perdido* (5,6)

> Procurei, mas não o encontrei;
> chamei, mas não me respondeu.

A Presença Divina retirou-se de Israel (Pope, 1977) ou a Sabedoria, negligenciada, partiu.

> Então me chamarão, mas não responderei,
> vão procurar-me e não me encontrarão (Pr 1,28)

8. *Os guardas espancam a Sulamita e roubam-lhe o manto* (5,7).

> Encontraram-me os guardas que faziam a ronda da cidade:
> espancaram-me e me feriram;
> arrancaram-me o manto as sentinelas das muralhas (5,7).

Para os judeus, os "guardas" eram os caldeus que sitiaram Jerusalém. Para os cristãos, eram "os governantes romanos pagãos que perseguiram a Igreja e despiram os mártires de sua veste exterior da carne, que cobria suas almas" (Pope, 1977). Do ponto de vista psicológico, eles são os guardiães dos baluartes do *status quo*, que é sempre um inimigo da individuação. Em Ct 4,9, o Noivo estava ferido; agora é a vez da Noiva. Os opostos não podem encontrar-se sem ferir-se mutuamente.

9. *Noiva e Noivo encontram-se e unem-se no jardim das romãs* (6,1–8,3).

> Vem, meu amado,
> saiamos ao campo!

---

62. Jung escreve: "Portanto, faze o favor de refletir [...] sobre o que se acha oculto por trás dessa concupiscência. Trata-se de um 'padecer fome do infinito'" (OC 14/1, § 186).

> Passaremos a noite nas aldeias,
> madrugaremos para ir aos vinhedos,
> ver se as vides lançaram rebentos
> ou se já se abrem suas flores,
> e florescem as romãzeiras.
> Ali te darei o meu amor (7,12-13)

A *coniunctio* é consumada com a união da Noiva e do Noivo, simbolizando todos os pares de opostos. Agora está estabelecida a aliança eterna entre Javé e Israel, o matrimônio milenar entre Cristo e sua Igreja, ou, de acordo com a Cabala, a união sagrada entre "o Santo, bendito seja ele, e sua Chequiná" (Scholem, 1954). Rabi Simon bem Jochai, o suposto autor do Zohar, descreveu a *coniunctio* sagrada em seu leito de morte com as seguintes palavras:

> Quando [...] a mãe é separada e unida ao Rei face a face na excelência do Sabá, todas as coisas se tornam um só corpo. Em seguida, o Santo – que ele seja bendito! – se senta em seu trono e todas as coisas são chamadas de o Nome Completo, o Santo Nome. Bendito seja seu Nome para sempre e pelos séculos dos séculos. [...] Quando esta Mãe está unida ao Rei, todos os mundos recebem bênçãos, e o universo encontra-se na alegria (Mathers, 1962).

Jung teve uma visão semelhante da *coniunctio* enquanto convalescia de uma enfermidade quase fatal. Ele descreve-a como segue:

> Os que me cercavam também pareciam encantados. A essa hora da noite, a enfermeira tinha o hábito de esquentar minha refeição, porque somente então podia tomar algum alimento e comer com apetite. Durante certo tempo pareceu-me que a enfermeira era uma velha judia, muito mais

velha do que de fato era, e que preparava pratos rituais. Quando a olhava, acreditava ver um halo azul em torno de sua cabeça. Eu próprio me encontrava nos *Pardes Rimmonim*, o jardim das romãs, e aí se celebrava o casamento de Tiphereth com Malchuth. Ou então era como se eu fosse o rabino Simão ben Yochai, cujas bodas eram celebradas no além. Era o casamento místico tal como aparecia nas representações da tradição cabalística. Não poderia dizer o quanto tudo isso era maravilhoso. Eu não deixava de pensar: "É o jardim das romãs! É o casamento de Malchuth com Tiphereth!" Não sei exatamente que papel eu desempenhava na celebração. No fundo, tratava-se de mim mesmo: eu era o casamento, e minha beatitude era a de um casamento feliz.

Pouco a pouco a visão do jardim das romãs se dissipou e se transformou. A essa visão se sucederam as "Núpcias do Cordeiro", numa Jerusalém pomposamente ornamentada. Sou incapaz de descrever os pormenores. Eram inefáveis estados de beatitude com anjos e luzes. E eu próprio era o "Núpcias do Cordeiro".

Isso também se dissipou e deu lugar a uma última visão. Eu seguia um largo vale até ao fundo, aos pés de uma suave cadeia de colinas; o vale terminava num anfiteatro antigo que se situava, admiravelmente, na paisagem verdejante. E neste teatro desenrolava-se o *hierósgamos* (matrimônio sagrado): dançarinos e dançarinas apareceram e, sobre um leito ornado de flores, Zeus-Pai do universo e Hera consumavam o *hierósgamos* tal como está descrito na *Ilíada*.

Todas essas visões eram magníficas. Eu estava mergulhado, noite após noite, na mais pura beatitude, "no meio das imagens de toda a criação" (Jung, 1963)[63].

63. A frase final é do *Fausto*, de Goethe, II Parte.

10. *Os amantes unidos são selados um ao outro no amor eterno* (8,5-7)

> Põe-me como um selo sobre teu coração,
> como um selo sobre teu braço!
> Porque é forte o amor como a morte
> e a paixão[64] é implacável como a sepultura (8,6).

A imagem final corresponde à criação da Pedra Filosofal, o corpo imortal "forte como a morte". Ela simboliza os frutos eternos e atemporais da individuação (Edinger, 1984). Os opostos, que estavam rompidos quando do nascimento da consciência no Jardim do Éden, estão reunidos e "selados" como pertencentes um ao outro. Esta nova condição é simbolicamente equivalente à era messiânica. Desse modo, o versículo

> Eu te levaria, te introduziria
> na casa de minha mãe, e tu me ensinarias;
> eu te darei de beber vinho aromático e suco de minhas romãs (8,2)

era aplicado ao banquete messiânico.

> Eu te conduzirei, ó Rei Messias, e te levarei ao meu Templo; e me ensinarás a temer diante de Javé e a andar em seus caminhos. E ali participaremos do banquete do Leviatã e beberemos vinho antigo, conservado na uva desde o dia em que o mundo foi criado, e das romãs e dos frutos preparados para os justos no Jardim do Éden[65].

Os opostos unidos geram "amor" e "ciúmes" (*ahabah* e *qinah*, traduzidos na Septuaginta como *ágape* e *zelos*). Estes termos correspondem aos dois polos da libido cosmogônica. Unidos na consciência correspondem à descrição junguiana

---

64. *Qinah*, também paixão, zelo.
65. De um Targum como citado em Pope, 1977.

do “problema moral da alquimia”, que é “colocar em concordância com o princípio do espírito aquela última camada profunda da alma masculina, revolvida pelas paixões, a qual é de natureza feminino-maternal – na verdade uma tarefa hercúlea!” (OC 14/1, § 34).

15 Messias: o si-mesmo realizado

O rei vindouro

Ao longo do Antigo Testamento há muitas referências a um rei ou a um ungido vindouro que libertará Israel de seus inimigos e estabelecerá um reino eterno. A primeira referência clara a essa figura encontra-se em Gn 49,10-12:

> O cetro não se afastará de Judá
> nem o bastão de comando de entre seus pés,
> até que venha aquele a quem ele pertence[66],
> a quem prestarão obediência os povos.
> Ele ata à videira o jumentinho,
> à parreira escolhida o filho da jumenta; lava no vinho a veste
> e no sangue das uvas a roupa.
> Seus olhos são mais escuros [AV, vermelhos] que o vinho
> e os dentes mais brancos que o leite.

---

66. Trata-se de uma passagem cujo texto e sentido são muito discutidos. O autor cita a versão da *Bíblia de Jerusalém,* publicada em 1966, em Liverpool; o texto da *Bíblia de Jerusalém* publicado no Brasil é como segue: "Até que o tributo lhe seja trazido" [N.T.].

Esta passagem tem sido compreendida concretamente como uma profecia de um rei judaico que deve governar as nações. De modo mais amplo, é considerada como referência ao Messias quer pelos comentadores judeus, quer pelos cristãos. O tema do vinho e do leite encontra um paralelo em Jl 3,18 (4,18, BJ).

> Naquele dia,
> as montanhas gotejarão vinho novo,
> e das colinas escorrerá o leite,
> dos riachos de Judá conduzirão água.
> Da casa do Senhor sairá uma fonte
> e regará o vale das Acácias.

Lavar as roupas em sangue aparece em Ap 7,14-15: "estes são aqueles que vêm da grande tribulação, lavaram as vestes e as alvejaram no sangue do Cordeiro. Por isso estão diante do trono de Deus e o servem dia e noite em seu templo". O tema do vermelho e do branco é evocação da *coniunctio* alquímica entre o homem vermelho e a mulher branca (Sol e Lua).

A próxima passagem, considerada como referente ao Messias, aparece em Nm 24,17ss., na profecia de Balaão.

> Vejo-a, mas não é agora,
> contemplo-a, mas não está perto:
> Uma estrela avança de Jacó,
> um cetro se levanta de Israel,
> quebra as têmporas de Moab
> destrói todos os filhos de Set (v. 17).

A comunidade de Qumrã aplicou este texto ao "intérprete da Lei"[67], e foi a fonte do nome do último chefe do movimento

67. *Damascus Document* VIII, 19. Cf. Vermes, 1975.

zelota, Bar Kochba, filho da estrela (Daniélou, 1978). Os autores do período da Patrística deram muita importância a esta passagem, aplicando-a à estrela da natividade de Cristo (Daniélou, 1978).

Em Dt 18,15, Moisés anuncia a promessa de Javé de "O Senhor teu Deus fará surgir em teu favor, do meio dos irmãos, um profeta como eu: é a ele que deverás ouvir". Isto foi entendido como uma profecia do Messias como um Segundo Moisés. A promessa foi repetida a Davi.

> O Senhor te anuncia que te fará uma casa. Quando chegares ao fim de teus dias e repousares com teus pais, farei surgir depois de ti um descendente teu e confirmarei a sua realeza. [...] Eu serei para ele um pai, e ele será para mim um filho. [...] Tua casa e tua realeza serão estáveis para sempre diante de ti; teu trono ficará firme para sempre (2Sm 7,11b-14.16).

Esta promessa é repetida nos Salmos, por exemplo, no Sl 132.

> O Senhor jurou a Davi fidelidade,
> da qual não se afastará:
> "Colocarei no teu trono
> um de teus descendentes" (v. 11).
> Pois o Senhor escolheu Sião,
> Ele a quis como residência:
> "Ela será sempre o lugar do meu repouso,
> ali residirei, pois é ela que eu quis" (v. 12-13).
> "Lá eu farei germinar o vigor de Davi,
> prepararei uma lâmpada para meu ungido.
> Vestirei de ignomínia seus inimigos,
> mas sobre ele florescerá seu diadema" (v. 17-18).

Estas promessas são fonte da expressão "Filho de Davi" aplicada ao Messias. A história de Israel logo deixou claro que elas não podiam ser tomadas literalmente. O Sl 89 lamenta a promessa rompida de Javé quando tomada concretamente. Jeremias adia a promessa para o futuro:

> Virão dias – oráculo do Senhor –
> em que farei brotar para Davi um rebento justo;
> um rei reinará e agirá com inteligência
> e administrará no país o direito e a justiça.
> Em seus dias, Judá será salvo
> e Israel habitará em segurança.
> Este é o nome com que o chamarão:
> "Senhor, nossa justiça" (Jr 23,5-6).

Semelhantemente, Ezequiel profetiza contra o malfadado Sedecias:

> Quanto a ti, infame e perverso príncipe de Israel, cujo dia é chegado com a hora da liquidação de culpas, assim diz o Senhor Deus: Retira a tiara! Depõe a coroa! Tudo vai mudar! O que é baixo será elevado, o que é alto será abaixado! Escombros e mais escombros! A escombros vou reduzi-la, tais como nunca houve, até que venha aquele a quem caberá o julgamento, que eu lhe entregar (Ez 21,25-27, AV).

"Aquele a quem caberá o julgamento" ecoa as palavras de Gn 49,10, e como este último, tem sido compreendido como profecia messiânica. Conforme o expressa F.F. Bruce (1982)[68]:

> Pode-se ter pensado, em determinado tempo, que o estabelecimento da monarquia davídica exauriu os termos da promessa na bênção de Judá; novamente, com a queda daquela monarquia, pode-se ter pensado que a promessa tinha sido anulada. Ezequiel, porém, declara que a profecia nem alcançou sua realização plena na elevação da casa de Davi, nem encontrou sua frustração definitiva na ruína

68. Sou grato a este livro pela organização de parte do material neste capítulo.

> daquela casa. Outro Davi, um verdadeiro pastor de Israel, ainda está por vir, aquele a quem pertence, por direito, a soberania, e nele todas as promessas feitas à tribo de Judá e à casa de Davi serão perfeitamente cumpridas.

Diversos salmos falam explicitamente de um futuro rei ideal, um ungido que reinará para sempre.

> Que eles temam a ti à luz do sol e,
> diante da lua, de geração em geração!
> Seja ele como o cair da chuva sobre a relva,
> ou da garoa que rega a terra!
> Em seus dias floresça a justiça
> e grande paz, até não haver mais lua!
> Domine ele de mar a mar,
> desde o rio até os confins da terra! (Sl 72,5-8).

Ele exercerá a autoridade suprema. Javé diz-lhe: "Senta-te à minha direita, até que ponha teus inimigos por escabelo de teus pés!" (Sl 110,1). Esta soberania absoluta é descrita de modo mais completo no salmo 2:

> Por que se agitam as nações,
> e os povos conspiram em vão?
> Insurgem-se os reis da terra,
> e os príncipes, em conjunto, tramam
> contra o Senhor e contra seu Ungido:
> "Rompamos suas amarras,
> sacudamos suas algemas!"
> Aquele que mora no céu sorri,
> o Senhor zomba deles.
> Fala-lhes então com ira
> e os apavora com sua cólera:
> "Eu mesmo ungi o meu rei
> sobre Sião, meu monte santo!"

Proclamarei o decreto do Senhor.
Ele me disse: "Tu és meu filho,
eu hoje te gerei.
Pede-me, e eu te darei as nações como herança,
os confins da terra como propriedade;
hás de esmagá-las com cetro de ferro,
despedaçando-as como vaso de oleiro".
E agora, ó reis, entendei bem,
estai prevenidos, governantes da terra!
Servi ao Senhor com temor,
beijai-lhe os pés com tremor;
senão Ele se irrita e vós perecereis no caminho,
porque num instante se acende sua ira.
Felizes todos os que nele se refugiam!

A frase "Tu és meu filho, eu hoje te gerei" (v. 7 AV) estabelece o Messias como "Filho de Javé". Outras passagens chamam-no "Filho de Davi" e, posteriormente, "Filho do Homem". Esta dupla progênie sugere que o si-mesmo conscientemente realizado (Messias) é gerado *tanto* pelo si-mesmo original *quanto* pelo eu. O mesmo simbolismo duplo ocorre na alquimia, onde a Pedra Filosofal é descrita ora como o dom de Deus, ora como o "Filho dos Filósofos", ou seja, o produto dos esforços dos alquimistas.

O Dia de Javé

Nos escritos dos profetas, o imaginário de um Messias vindouro é sobreposto à ideia de um "Último Dia", "o Dia do Senhor", no qual o Julgamento Divino será feito aos pecadores do mundo. Muitas dessas passagens proféticas se referem primariamente às invasões futuras de Israel e de Judá pela Assíria e

Babilônia. Contudo, eles assumiram ou tinham projetado nelas um sentido escatológico secundário. Isaías exclama:

> Gemei, porque o dia do Senhor está próximo,
> vem como uma devastação do Poderoso.
> Por isso todas as mãos desfalecem
> e toda coragem humana se derrete.
> Eles estão aterrorizados,
> espasmos e dores deles se apoderam,
> contorcem-se como uma parturiente.
> Cada qual olha espantado para o seu próximo,
> seus rostos estão inflamados.
> Eis que o dia do Senhor vem implacável,
> com furor e ira ardente,
> para transformar o país em ruína
> e exterminar dele os pecadores.
> Porque as estrelas do céu
> e suas constelações não farão brilhar a sua luz.
> O sol será escuro desde o seu nascer,
> e a lua não dará a sua claridade.
> Punirei o mundo por sua maldade
> e os malvados por seus crimes.
> Porei fim ao orgulho dos insolentes
> e humilharei a arrogância dos tiranos (Is 13,6-11).

Sofonias ecoa o mesmo tema:

> Está próximo o grande dia do Senhor!
> Ele está próximo, iminente!
> O clamor do dia do Senhor é amargo,
> nele até mesmo o herói grita!
> Será um dia de ira aquele dia:
> dia de angústia e de tribulação,

dia de devastação e de destruição,
dia de trevas e de escuridão,
dia nebuloso e sombrio e,
dia da trombeta e dos gritos de guerra
contra as cidades fortificadas
e contra as torres das muralhas.
As pessoas ficarão aflitas
e caminharão como cegas,
porque pecaram contra o Senhor;
o seu sangue será derramado como pó
e suas entranhas como esterco.
Nem a prata nem o ouro
poderão salvá-los.
No dia da ira do Senhor
toda a terra será devorada no fogo de seu zelo.
Pois Ele destruirá, sim,
exterminará todos os habitantes da terra (Sf 1,14-18)[69].

A imagem terrível de destruição absoluta é, por fim, mitigada em Zacarias com um lampejo da era messiânica que se seguirá ao dia da ira de Javé.

> E acontecerá, naquele dia, que já não haverá luz, nem frio, nem gelo. Haverá um único dia – o Senhor o conhece – sem dia e sem noite, porque ao anoitecer haverá luz. E acontecerá, naquele dia, que sairá água viva de Jerusalém, metade para o mar oriental, metade para o mar ocidental, no verão como no inverno. Então o Senhor será rei sobre toda a terra; naquele dia o Senhor será o único, e único o seu nome (Zc 14,6-9).

---

69. Outras passagens sobre o "Dia do Senhor" incluem Is 2,12; 34,8; Ez 13,5; 30,3; Jl 1,15; 2,1; Am 5,18.

Psicologicamente, o "Dia de Javé" é um exemplo particular da imagem arquetípica mais geral do "Último Julgamento" que se encontra em muitas religiões, normalmente projetado para a vida depois da morte ou para um futuro escatológico[70]. Esta imagem refere-se a um encontro importante entre o eu e o si-mesmo no qual o primeiro experimenta uma percepção devastadora de seus defeitos e da realidade não reconhecida. É a experiência de "ser visto" por Outro, muitas vezes simbolizado pelo olho de Deus[71]. A imagem de destruição generalizada refere-se àqueles aspectos da personalidade que não estão fundados na realidade psíquica e, portanto, não podem sobreviver ao escrutínio transpessoal. Se, nesse encontro, o eu se mantiver, será seguido por um alargamento da personalidade. Jung descreve a experiência nos seguintes termos:

> Num ponto culminante da vida em que o botão se abre em flor e do menor surge o maior, "um torna-se dois", e a figura maior – que sempre fomos, mas permanecia invisível – comparece diante do homem que fomos até então, com a força da revelação. O verdadeiramente pequeno e sem esperança sempre reduz à sua pequenez a revelação do grande e jamais compreenderá que o Juízo Final também despontou para a sua pequenez. O ser humano intimamente grande sabe porém que o amigo da alma, pelo qual há tanto ansiava, o imortal, chegou enfim de fato para levar "cativo seu cativeiro", aquele que sempre trouxe em si aprisionado a fim de capturá-lo, permitindo que a sua vida desembocasse em sua própria vida: um momento de perigo mortal (OC 9/1, § 217).

70. Material importante foi reunido por Brandon, 1967.

71. Mais informações sobre o assunto, cf. Edinger, 1984.

O Servo Sofredor de Javé

Embora alguns textos messiânicos retratem o Messias como um rei invencível, outros representam-no como um humilde servo sofredor, como, por exemplo, o Sl 22:

> Meu Deus, meu Deus, por que me abandonaste?
> Minha salvação fica longe, apesar das palavras do meu lamento.
> Meu Deus, clamo de dia, e não respondes;
> de noite, porém não encontro sossego.
> [...]
> Mas eu sou um verme e não mais um homem,
> injuriado pelos homens e desprezado pelo povo.
> Todos os que me veem zombam de mim,
> torcem os lábios e meneiam a cabeça:
> Volta-te para o Senhor!
> Que Ele o liberte, que o livre, já que o ama.
> [...]
> Sinto-me como água derramada
> e tenho todos os ossos desconjuntados.
> Meu coração é como cera
> a derreter-se em minhas entranhas.
> Meu vigor está ressequido como caco de argila,
> minha língua adere ao paladar,
> e tu me lanças no pó da morte.
> Na verdade, rodeiam-me cães furiosos,
> cerca-me um bando de malfeitores,
> amarraram-me as mãos e os pés.
> Posso contar todos os meus ossos;
> eles estão olhando e me observam.
> Repartem entre si minhas vestes
> e sobre minha túnica lançam a sorte (Sl 22,2-3.8-9.16-19).

Considera-se que estas palavras são pronunciadas pelo Messias. A primeira linha foi proferida por Cristo na cruz, e alguns pensam que Ele recitou todo o salmo naquela ocasião.

O outro texto importante é o assim chamado "Quarto Canto do Servo de Javé", encontrado em Isaías:

> Olhai! O meu servo será bem-sucedido,
> subirá, será exaltado e elevado bem alto.
> [...]
> Quem deu crédito ao que nos era anunciado,
> e a quem foi revelado o braço do Senhor?
> Ele crescia na sua presença como um broto,
> como raiz em terra seca:
> Não tinha beleza nem formosura
> que atraísse os nossos olhares,
> não tinha boa aparência para que desejássemos vê-lo.
> Era desprezado, era o refugo da humanidade,
> homem das dores e habituado à enfermidade;
> era como pessoa de quem se desvia o rosto,
> tão desprezível que não fizemos caso dele.
> No entanto, foi Ele que carregou as nossas enfermidades
> e tomou sobre si as nossas dores.
> E nós o considerávamos como alguém castigado,
> ferido por Deus e humilhado.
> Mas Ele foi traspassado por causa das nossas rebeldias,
> esmagado por causa de nossos crimes;
> caiu sobre Ele o castigo que nos salva, e suas feridas nos curaram.
> [...]
> Mas o Senhor quis esmagá-lo com a doença:
> Se fizeres de sua vida um sacrifício expiatório,
> Ele verá sua descendência, prolongará seus dias,

e a causa do Senhor triunfará graças a Ele.
Depois dos profundos sofrimentos,
Ele verá a luz, ficará satisfeito;
por seu conhecimento, o justo, meu servo,
justificará a muitos e tomará sobre si as suas iniquidades.
Por isso lhe darei uma parte entre os grandes,
e com os poderosos Ele partilhará os despojos;
é que entregou sua vida à morte e se deixou contar entre os rebeldes,
quando na realidade carregava o pecado de muitos
e intercedia em favor dos rebeldes (Is 52,13; 53,1-5.10-12).

O "Servo de Javé" descrito aqui foi introduzido primeiramente em Is 42,1-4.

Eis meu servo a quem apoio,
meu eleito, ao qual quero bem!
Pus nele meu espírito;
ele levará o direito às nações.
Não gritará, não levantará a voz
e não fará ouvir sua voz pelas ruas.
Não quebrará o caniço já rachado
nem apagará a mecha que ainda fumega[72];
com fidelidade levará o direito.
Ele não esmorecerá nem se deixará abater,
até estabelecer na terra o direito;
as ilhas aguardam sua doutrina.

A frase "Pus nele meu espírito" indica que o servo é um "ungido"[73]; assim, em certo sentido, um Messias. No Novo Tes-

72. Jung usou este versículo como mote para *Psicologia e alquimia*, OC 12.

73. "O espírito do Senhor Deus repousa sobre mim, porque Ele me ungiu" (Is 61,1). Cristo aplicou este texto a si mesmo em Lc 4,16ss. "Messias" significa "ungido".

tamento, esta passagem foi aplicada a Cristo, que foi o ungido pelo Espírito Santo em seu batismo. F.F. Bruce ressaltou que os membros da Comunidade de Qumrã "estavam conscientes de uma vocação a realizar a incumbência do Servo de Javé" (Bruce, 1982). Ele cita uma passagem no tratado Talmud de Babilônia:

> O Messias [...] qual é seu nome? [...] Nossos rabis dizem: "O leproso da casa de Rabi (casa de aprendizado) é seu nome", conforme se diz: "Na verdade, Ele suportou nossas enfermidades e carregou nossas dores; nós, porém, considerávamo-lo um leproso (heb. *nagua*, 'acometido'), ferido por Deus, e afligido" (TB Sinédrio 98) (Bruce, 1982).

Ele também cita "um hino do poeta Eleazar bem Qalir (variadamente datado do final do séc. VII d.C.), que está incluído nas orações adicionais para o Dia da Expiação":

> Nosso justo Messias havia-nos deixado;
> estamos horrorizados, e não há ninguém para justificar-nos.
> Ele carrega nossas iniquidades e o jugo de nossas transgressões,
> e é ferido por nossas transgressões.
> Ele carrega sobre seus ombros nossos pecados
> para alcançar o perdão para nossas iniquidades,
> mas que possamos ser curados por suas chagas (Bruce, 1982).

O "Servo Sofredor" é uma personificação da consciência redentora. Ela assume sobre si mesma o papel de bode expiatório. Como parte do grande ritual anual de expiação, o bode expiatório era carregado com os pecados da comunidade e enviado para o deserto (Lv 16,20-22). O Servo Sofredor de Javé exerce função semelhante visto que foi "esmagado por nossos pecados" e "por suas feridas fomos curados". Esta figura emerge no processo de individuação como imagem da "consciência da totalidade". Embora experimentada pelo eu, o eu não deve identificar-se com ela. É, antes, uma manifestação do si-mesmo conscientemente realizado que traz com ela a reconciliação dos opostos (redenção). O sonho de um jovem ilustra esta figura.

> Sonhei que via uma figura moderna de Cristo. Ele estava viajando de ônibus com um grupo de seus discípulos. Então pressenti que havia um perigo. Ele estava prestes a ser traído. Aconteceu, e o ônibus oscilou com violência. Ele foi atacado e subjugado. Dei uma olhada, e vi que eles aparentemente o tinham amarrado com cordas em cada uma de suas mãos e pés, e puxavam-no, de braços e pernas estendidos, nas quatro direções. Eu sabia que eles o matariam daquele jeito. Então, quando olhei para ele mais de perto, tornou-se manifesto que ele não estava amarrado pelas mãos, mas estava agarrado, com cada uma das mãos, a uma barra de madeira atada à corda. Ele estava cooperando com a própria morte! No fim do sonho, veio a imagem de um campo de força magnética que se parecia com este desenho (Edinger, 2020).

Este sonho assinalava uma transição na vida e uma mudança na vocação. Representa uma nova configuração de energia, formando-se no centro da psique, provocada por um sacrifício voluntário do si-mesmo.

O tema do sofrimento voluntário aparece em uma notável passagem de uma carta de Jung. Ele escreve a um destinatário desconhecido: "Consciente e intencionalmente tornei minha vida desprezível porque quis que Deus estivesse vivo e livre do sofrimento que o ser humano lhe impôs amando sua própria razão mais do que as secretas intenções de Deus" (citado por Adler, 1975). Jung aqui está manifestando o arquétipo do Servo Sofredor. Uma aceitação voluntária do sofrimento é um aspecto da consciência da totalidade, visto que inclui um reconhecimento doloroso dos opostos. Jung expressa-o de maneira incisiva.

> Sem a vivência dos opostos não há experiência da totalidade e, portanto, também não há acesso interior às formas sagradas. [...] Apesar de ser inevitável a visão problemática dos opostos, praticamente poucos a suportam. [...] A realidade do mal e sua incompatibilidade com o bem provoca uma separação violenta dos opostos, conduzindo inexoravelmente à crucifixão e à suspensão de tudo o que é vivo. Uma vez que a alma é "naturaliter christiana" (cristã por natureza), tal consequência é inevitável, como foi na vida de Jesus: todos nós deveríamos ser "crucificados com Cristo", isto é, suspensos num sofrimento moral equivalente à verdadeira crucifixão (OC 12, § 24).

O Filho do Homem

Encontramos a expressão "Filho do Homem" pela primeira vez no Antigo Testamento em Ezequiel. No momento de sua grande visão mandálica, Ezequiel é tratado por Javé como "Filho do Homem" (Ez 2,1), "querendo indicar-lhe talvez desse modo que ele é filho do 'Homem' que está no trono [na visão]" (OC 11, § 667). Aparece novamente em uma visão de Daniel, desta vez claramente identificado como o Messias.

> Continuei a prestar atenção às visões noturnas
> e vi aproximar-se, com as nuvens do céu,
> alguém como um filho de homem;
> Ele avançou até junto do ancião
> e foi conduzido à sua presença.
> Foram-lhe dados domínio,
> glória e realeza,
> e todos os povos, nações e línguas o serviam.
> Seu domínio é eterno e não acabará,
> seu reino jamais será destruído (Dn 7,13-14).

O mesmo termo é usado no Livro de Henoc, que dá uma ampla descrição do "Filho do Homem" messiânico.

> E naquele lugar eu vi a inesgotável fonte da justiça
> e muitas fontes de sabedoria a circundavam,
> e todos os sedentos bebiam delas
> e eram cheios com sabedoria,
> e suas moradas eram com os justos e santos e os escolhidos.
> E naquela hora aquele Filho do Homem foi chamado,
> na presença do Senhor dos Espíritos,
> e seu nome apresentado ao Ancião de Dias.
> Mesmo antes que o Sol e as constelações fossem criados,
> antes que as estrelas dos céus fossem feitas,
> seu nome era pronunciado diante do Senhor dos Espíritos.
> Ele será um sustento para os justos e os santos,
> para que possam se apoiar nele e não cair,
> e Ele será a Luz das Nações,
> e Ele será a esperança daqueles que sofrem em seus corações.
> Todos aqueles que habitam no chão seco se prostrarão e adorarão diante dele,
> e bendirão, e louvarão, e celebrarão com salmos,

> o nome o Senhor dos Espíritos.
> E por isto Ele foi escolhido, e oculto diante dele,
> antes que o mundo fosse criado, e para sempre (Henoc 48,1-6)[74].

Jung comenta a visão de Henoc (OC 11/4, § 669ss.), observando que,

> quando Javé interpelava Ezequiel, chamando-o de "Filho do Homem", tratava-se apenas de uma alusão obscura e incompreensível. No caso presente, as coisas se tornam claras: Henoc, o homem, não só recebe a revelação divina, mas também é incluído no drama divino, como se fosse, no mínimo, um dos filhos de Deus. Parece-me que isto só pode entender-se no sentido de que a criatura humana é mergulhada no acontecimento pleromático e como que nele batizado e tornada participante da quaternidade divina (ou seja, crucificada juntamente com Cristo) (OC 11/4, § 677).

A criatura humana "participante da quaternidade divina" refere-se à quádrupla visão de Ezequiel da carruagem divina (Ez 1,4ss.) e à visão de Henoc das "quatro presenças" ou "anjos" que "estavam diante do Senhor dos Espíritos" (Henoc 40,1ss.).

Assim, à proporção que alguém participa da quaternidade divina, que é a essência da individuação, ele está encarnando o arquétipo do Filho do Homem. Cristo repetidamente identificou-se com o "Filho do Homem"[75], e unicamente com base nesta evidência, torna-se um símbolo do si-mesmo. A expressão "Filho do Homem" é simbolicamente análoga ao termo

---

74. Charles, 1968, vol. 2. [Recorremos ao texto de O livro de Enoque. Tradução de uma tradução moderna do Livro de Enoque em etíope, com introdução e notas por Andy McCracken, por Carlos B. Fagundes (N.T.).]
75. Cf. Mt 8,20; 9,6; 10,23; 11,19; 12,8; 16,27s.; 19,28; 24,30; 25,31; 26,64 etc.

alquímico *Filius Philosophorum,* Filho dos Filósofos, que é um sinônimo da Pedra Filosofal. A frase "Filho dos Filósofos" indica que a Pedra Filosofal é produto dos esforços dos alquimistas. De igual modo, "Filho do Homem" implica que o Messias (si-mesmo) é, em parte, criado pelo eu.

A era messiânica

A vinda do Messias inaugurará uma era ideal de paz e de piedade. Faz-se alusão a ela no Antigo Testamento, e é desenvolvida mais plenamente nas legendas. Naquele dia,

> então o lobo será hóspede do cordeiro
> e o leopardo se deitará com o cabrito.
> O bezerro, o leãozinho e o animal cevado estarão juntos,
> e um menino os conduzirá.
> A vaca e o urso pastarão lado a lado;
> juntas se deitarão as suas crias;
> e o leão comerá capim como o boi.
> A criança de peito brincará junto à toca da víbora,
> a criança desmamada porá a mão na cova da serpente.
> Não se fará mal nem destruição em todo o meu santo monte,
> porque a terra estará cheia do conhecimento do Senhor,
> como as águas que enchem o mar (Is 11,6-9; cf. tb. Is 35).

De acordo com Oseias,

> Naquele dia farei em favor deles uma aliança com os animais selvagens,
> com as aves do céu e com os répteis da terra.
> Exterminarei da face da terra o arco, a espada e a guerra,
> e os farei habitar em segurança.

> Eu te desposarei para sempre;
> eu te desposarei na justiça
> e no direito, no amor e na ternura.
> Eu te desposarei na fidelidade
> e conhecerás o Senhor (Os 2,20-22).

E Miqueias,

> Das espadas eles forjarão arados
> e das lanças, podadeiras.
> Uma nação não levantará a espada contra outra
> e já não se adestrarão para a guerra.
> Cada qual ficará sentado debaixo de sua vinha
> e de sua figueira e ninguém o inquietará,
> porque a boca do Senhor todo-poderoso falou! (Mq 4,3-4).

Na era messiânica os opostos serão reconciliados. Os conflitos entre animais, entre ser humano e animais, entre ser humano e ser humano, e entre o ser humano e Deus serão resolvidos. Esta descreve um estado de totalidade no qual as divisões da psique foram harmonizadas pela consciência do todo. De acordo com a lenda, haverá um grande Banquete Messiânico no qual a carne de Beemot e de Leviatã será comida, e a condição do Jardim do Éden será restaurada:

> Naquela hora, o Santo, que ele seja bendito, porá a mesa e abaterá Beemot e Leviatã [...] e preparará um grande banquete para os piedosos. E ele fará sentar-se cada um deles de acordo com sua honra. [...] E o Santo, que ele seja bendito, vai trazer-lhes vinho que foi preservado em suas uvas desde os seis dias da criação. [...] E ele satisfaz os desejos dos piedosos, ergue-se do Trono de Glória e senta-se com eles. [...] E ele traz-lhes todas as coisas boas do Jardim do Éden (Patai, 1979).

A deidade primordial (Beemot e Leviatã) será humanizada e transformada à medida que for assimilada pela consciência. Isto restaura o estado original de totalidade (Jardim do Éden) em um novo nível consciente. Então uma nova Torá será ensinada, e a dissociação entre céu e inferno será sanada.

> E o Santo, que ele seja bendito, irá expor-lhes os sentidos de uma nova Torá que ele lhes dará mediante o Messias. [...] Naquela hora, o Santo, que ele seja bendito, toma as chaves da Geena e, perante todos os piedosos, dá-as a Miguel e Gabriel, e diz-lhes: "Ide e abri os portões da Geena, e tirai-os da Geena". [...] E Gabriel e Miguel vigiam-nos [os maus] naquela hora, e levavam-nos e ungem-nos com óleo, e curam-nos dos ferimentos da geena, e vestem-nos com belas e finas vestimentas, e tomam-nos pela mão e levam-nos perante o Santo, que ele seja bendito (Patai, 1979).

O estado final de totalidade está expresso na imagem de uma nova Jerusalém. Patai (1979) escreve:

> No Talmud e no Midraxe, a Jerusalém celestial é uma noção hagádica padrão, apresentada em grande detalhe e em muitas variantes. Neles, o subjacente amor do povo judeu por Jerusalém, a Cidade Santa, a cidade do Templo e a sede real de Davi, encontra expressão eloquente nos ilimitados voos de fantasia que descrevem as glórias da Jerusalém futura nos dias do Messias. A Jerusalém Messiânica, que descerá do céu em sua inteireza, incluirá mil torres, fortalezas, esquinas, lagos e cisternas; se estenderá até Damasco, sua altura será aumentada em quilômetros, suas portas serão enormes pedras preciosas, joias e pérolas serão espalhadas por suas ruas e arredores como cascalhos, e seu esplendor iluminará todo o mundo e se erguerá ao Trono da Glória de Deus.

No espírito desta fantasia judaica coletiva está a grande visão em mandala da Nova Jerusalém registrada no Apocalipse:

Vi então um novo céu e uma nova terra, porque o primeiro céu e a primeira terra haviam desaparecido, e o mar já não existia. Vi a cidade santa, a nova Jerusalém, que descia do céu, de junto de Deus, formosa como a esposa que se enfeitou para o esposo. Ouvi uma voz forte que saía do trono e dizia: "Esta é a tenda de Deus entre os homens. Ele vai morar com eles. Eles serão o seu povo, e o próprio Deus-com-eles será o seu Deus. [...]

Levou-me em espírito ao alto de uma grande montanha e mostrou-me a cidade santa, Jerusalém, que descia do céu, de junto de Deus. Tinha a glória de Deus. O seu brilho era semelhante ao da pedra mais preciosa, como uma pedra de jaspe cristalino. Tinha um muro grande e alto, com doze portas. Sobre as portas havia doze anjos e nomes escritos. São os nomes das doze tribos de Israel. Do lado do Oriente havia três portas; do lado do Norte, três portas; do lado do Sul, três portas; e do lado do Poente, três portas. A muralha da cidade tinha doze pedras fundamentais. Sobre elas estavam os nomes dos doze apóstolos do Cordeiro.

Quem falava comigo tinha uma vara de ouro para medir a cidade, as portas e a muralha. A cidade era quadrangular; o comprimento era igual à largura. Ele mediu a cidade com a vara. Tinha doze quilômetros, sendo iguais comprimento, largura e altura. Mediu a muralha. Tinha cento e quarenta e quatro metros. O anjo usava medidas humanas. A muralha era de jaspe, e a cidade era de ouro puro, semelhante ao cristal puro. As pedras fundamentais da muralha da cidade estavam enfeitadas com diferentes espécies de pedras preciosas: a primeira de jaspe, a segunda de safira, a terceira de calcedônia, a quarta de esmeralda, a quinta de sardônica, a sexta de cornalina, a sétima de crisólito, a oitava de berilo, a nona de topázio, a décima de crisópraso, a décima primeira de jacinto e a décima segunda de ametista.

As doze portas eram doze pérolas, e cada porta era feita de uma só pérola. A praça da cidade era de ouro puro, parecendo cristal transparente. Não vi nela nenhum templo, pois o seu templo é o Senhor Deus todo-poderoso e o Cordeiro. A cidade não precisa de sol nem de lua para ficar iluminada. Pois a glória de Deus a ilumina (Ap 21,1-3.10-23).

Esta grande imagem da totalidade é uma conclusão apropriada para nossa análise do simbolismo da individuação no Antigo Testamento. Jung interpreta-a da seguinte maneira:

A cidade é a Sofia que existe desde toda a eternidade e voltará a unir-se a Deus, nas núpcias sagradas, no final dos tempos. Como elemento feminino, a Sofia coincide com a terra da qual germinou Cristo, como diz um Padre da Igreja, e, consequentemente, coincide também com a quaternidade da aparição de Deus, em Ezequiel (Ez 1,18), isto é, com os quatro seres viventes. A Sofia significa a autorreflexão de Deus, ao passo que os quatro serafins representam a consciência divina, sob seus quatro aspectos funcionais. Este fato é indicado também pelos olhos que veem, e se acham espalhados nos quatro animais. Temos aí uma síntese quadripartida das luminosidades inconscientes, análoga à tetrameria (divisão em quatro partes) do *lapis philosophorum* (pedra filosofal), que a descrição da cidade celeste nos recorda: tudo brilha com o fulgor da pedra preciosa, do cristal e do vidro, em perfeita correspondência com a visão divina mencionada acima. Da mesma forma que o *hierósgamos* une Javé e a Sofia (na Cabala = Chequiná), restabelecendo o estado pleromático inicial, assim também a descrição paralela de Deus e da cidade santa indica a natureza comum aos dois: originariamente eles constituem uma só e mesma coisa: um ser hermafrodita primordial, um arquétipo de máxima universalidade (OC 11/4, § 727).

Referências

Adler, G. (1975, primavera). Aspects of Jung's personality and work. *Psychological Perspectives 6*(1), 11-21.

Agostinho (1950). *The City of God* (M. de Dods Trad.). Modern Library, Random House. [Agostinho (2013). *Cidade de Deus*, 2 vols. Vozes.]

Agostinho (1979). Exposition on the Book of Psalms. *The nicene and post-nicene Fathers*. Series I, vol. 8. Schaff, P. & Coxe, A.C. (Eds.). Eerdmans. [Agostinho (1977). *Comentário aos Salmos*. Paulus.]

Alighieri, D. (1948). *The divine comedy*. Pantheon.

Aristóteles (1941). *The basic works of Aristotle.* McKeon, R. (Ed.). Random House.

Bercovitch, S. (1975). *The puritan origins of the american Self.* Yale University Press.

Blake, W. (1970). The marriage of heaven and hell. *The poetry and prose of William Blake.* Erdman, D. (Ed.). Doubleday Anchor.

Brandon, S.G.F. (1967). *The judgment of the dead.* Scribner's.

Briggs, W.A. & W.R. Bénet (Eds.) (1944). *Great poems of the english language.* Tudor.

Bruce, F.F. (1982). *New Testament development of Old Testament themes*. Eerdmans.

Cambridge medieval history (1924). 8 vols. Macmillan.

Capote, T. (1965). *In cold blood.* Signet, New American Library.

Charles, R.H. (Ed.). (1968). *The apocrypha and pseudepigrapha of the Old Testament in english.* 2 vols. Oxford University Press.

Cornford, F.M. (1957). *From religion to philosophy.* Harper Torchbooks.

Daniélou, J. (1978). *The theology of jewish christianity*. The Westminster Press.

Davidson, G. (1971). *A dictionary of angels.* Free Press.

Dummelow, J.R. (Ed.) (1975). *The one-volume Bible commentary.* Macmillan.

Edinger, E.F. (1972). *Ego and Archetype*: Individuation and the Religious Function of the Psyche. Putnam's. [Edinger, E.F. (2020). *Ego e arquétipo: Uma síntese fascinante dos conceitos psicológicos fundamentais de Jung*. Cultrix.]

Edinger, E.F. (1978). *Melville's Moby-Dick: A jungian commentary.* New Directions.

Edinger, E.F. (1984). *The creation of consciousness: Jung's myth for modern man.* Inner City. [Edinger, E.F. (1984). *A criação da consciência*. Cultrix.]

Edinger, E.F. (1985). *Anatomy of the psyche.* Open Court. [Edinger, E.F. (2006). *Anatomia da psique: o simbolismo alquímico na psicoterapia*. Cultrix.]

Edinger, E.F. (1986). *Encounter with the Self: A jungian commentary on William Blake's illustrations of the Book of Job.* Inner City. [Edinger, E.F. (1986). *Encontro com o Self: Um comentário junguiano sobre as "Ilustrações do Livro de Jó" de William Blake*. Cultrix.]

Edinger, E.F. (1989). *The living psyche.* Chiron.

Emerson, R.W. (1950). *The selected writings of Ralph Waldo Emerson.* Modern Library, Random House.

Fílon de Alexandria (1971). *The essential Philo.* Nahum N. Glatzer (Ed.). Schocken.

Franz Pfeiffer (Ed.) (1956). *Meister Eckhart*. John M. Watkins.

Frazer, J.G. (1923). *Folklore in the Old Testament*. Macmillan.

Frazer, J.G. (1919). *The Golden Bough*. 3. ed. 13 vols. Macmillan.

Gaer, J. (1966). *The lore of the Old Testament*. Grosset & Dunlap.

Ginzberg, L. (1956). *Legends of the Bible*. Simon & Schuster.

Graves, R. (1955). *The greek myths*. 2 vols. George Braziller.

Gubitz, M.B. (1977). Amalek: the eternal adversary. *Psychological perspectives 8*(1), 34-58.

Hastings, J. (Ed.) (1922). *Encyclopaedia of religion and ethics*. 13 vols. Scribners.

Heidel, A. (1951). *The babylonian Genesis*. Phoenix, University of Chicago Press.

Hölderlin, F. (1987). *Patmos e outros poemas de Hölderlin*. Grupo Setembro.

Homero (1931). *Iliad. The complete poetical works of Pope*. Houghton Mifflin.

Homero (1961). *Iliad*. University of Chicago Press. [Homero (2019). *Ilíada*. Quetzal]. *The I Ching or Book of Changes* (1967). Princeton University Press.

James, M.R. (1960). *The apocryphal New Testament*. Oxford University Press.

Jerusalem Bible (1966). Doubleday e Co. [*Bíblia de Jerusalém*. (2002). Paulus.]

Jehovah's Witnesses (org.) (1971). *Aid to Bible understanding*. Watchtower Bible and Tract Society.

Jonas, H. (1958). *The gnostic religion*. Beacon Press.

Jung, C.G. (1925). Mimeographed notes of seminar, March 23-July 6. *Seminar 1925*. Zurique.

Jung, C.G. (1930-1934). *Interpretation of Visions*. 12 vols. Mimeographed Notes of Seminar. Zurique.

Jung, C.G. (1953-1979). *The collected works* (Bollingen Series XX). 20 vols. H. Read, M. Fordham, G. Adler, Wm. MacGuire (Eds.). Princeton University Press.

Jung, C.G. (1963). *Memories, dreams, reflections*. A. Jaffé (Ed.). Pantheon. [Jung, C. G. (1987). *Memórias, sonhos, reflexões*. 9. ed. A. Jaffé (Ed.). Nova Fronteira.]

Jung, C.G. (1973-1975). *C.G. Jung letters* (Bollingen Series XCV). 2 vols. G. Adler e A. Jaffé (Eds.). Princeton University Press.

Jung, C.G. (1976). *The visions seminars.* 2 vols. (Abridged Version of *Interpretation of visions*, above). Spring.

Jung, C.G. (1977). *C.G. Jung speaking* (Bollingen Series XCVII). W. McGuire e R.F.C. Hull (Eds.). Princeton University Press.

Jung, C.G. (2012). *Obra Completa.* 20 vols. Vozes.

Kluger, H.Y. (1957, primavera). Ruth: A contribution to the study of the feminine principle in the Old Testament.

Kluger, R.S. (1950, primavera). The Image of the Marriage between God and Israel.

Kluger, R.S. (1967). *Satan in the Old Testament.* Northwestern University Press.

Kluger, R.S. (1974). *Psyche and Bible.* Spring.

Mathers, S.L.M. (Trad.). (1962). *The Kabbalah unveiled.* Routledge & Kegan Paul.

Milton, J. (1969). Samson Agonistes. *Milton: complete poetry and selected prose.* E.H. Visiak (Ed.). The Nonesuch Library. [Milton, J. (2021). *Sansão Agonista.* Editora de Cultura.]

Neumann, E. (1954). *The origins and history of consciousness* (Bollingen Series XLII). Pantheon.

New American Bible (1970). P.J. Kennedy and Sons.

Nietzsche, F. (1965). *My sister and I.* Bridgehead, Boar's Head.

Orr, J. (Ed.). (1980). *International Standard Bible encyclopaedia.* 4 vols. Eerdmans.

Otto, R. (1950). *The idea of the holy.* Oxford University Press. [Otto, R. (2007). *O Sagrado: os aspectos irracionais na noção do divino e sua relação com o racional*. Sinotal/EST, Vozes.]

Patai, R. (1979). *The Messiah texts.* Avon.

Pistis Sophia (1947). John M. Watkins.

Platão (1960). *Plato I.* Harvard University Press. [Platão. (1988). *Fédon*. Livraria Minerva.]

Platão (1961). *The Collected Dialogues.* E. Hamilton e H. Cairns (Eds.). Pantheon.

Pope, M.H. (Ed. trad.) (1977). Song of Songs. *Anchor Bible.* Doubleday.

Pritchard, J.E. (Ed.). (1958). *The Ancient Near East.* Princeton University Press.

Rahner, H. (1963). *Greek Myths and Christian Mystery.* Harper and Row.

Rank, O. (1959). *The Myth of the Birth of the Hero*. Vintage.

Roberts, A.; Donaldson, J. (Eds.) (1977). *The ante-nicene Fathers.* 10 vols. Eerdmans.

Scholem, G.G. (1954). *Major Trends in Jewish Mysticism.* Schocken.

Smith, W.R. (1956). *The Religion of the Semites.* Meridian.

The I Ching or Book of Changes (1967). Princeton University Press.

The Nag Hammadi Library (1977). Harper and Row. [*A Biblioteca de Nag Hammadi: a tradução completa das escrituras gnósticas* (2014). Madras.]

Tomás de Aquino (1945). *Basic writings of st. Thomas Aquinas.* 2 vols. A.C. Pegis (Ed.). Random House.

Vermes, G. (1975). *The Dead Sea Scrolls in English.* Penguin.

Von Franz, M.-L. (1966). *Aurora Consurgens*. Pantheon.

Waite, A.E. (1967). *The Hermetic and Alchemical Writings of Paracelsus.* 2 vols. University.

Waite, A.E. (s.d.). *The Holy Kabbalah.* University.

Wellisch, E. (1954). *Isaac and Oedipus.* Routledge & Kegan Paul.

Índice

B

C

F

G

H

I

J

T

U

V

X